POKÉMON™

Livre de recettes POKÉMON

Recettes inspirées par l'univers de Pikachu

POKÉMON™

Livre de recettes POKÉMON

Recettes inspirées par l'univers de Pikachu

Victoria Rosenthal

hachette HEROES

Sommaire

Introduction

Le monde des Pokémon regorge de récits d'aventure, d'amitié et de recherche d'excellence. Si le but ultime est de réunir la meilleure équipe de Pokémon possible afin de vaincre le champion en titre et de lui prendre sa place, il est impossible d'y parvenir sans créer en cours de route des liens aussi profonds que réels et ce périple possède un charme universel.

Ce livre de recettes est conçu dans le but d'explorer le monde merveilleux de la gastronomie sous l'angle de la passion des Pokémon partagée par tant de gens. Les recettes réunies ici proposent un large éventail de boissons, de desserts et d'autres plats délicieux inspirés par toutes les variétés de Pokémon qui existent et qui sont autant d'excellentes raisons de coiffer votre toque de chef. Citons les plats de type Feu qui sont épicés et vous réchaufferont, ceux de type Électrik dont la saveur acide fait naître une étincelle dans votre assiette et, enfin, ceux de type Sol, nourrissants et roboratifs, qui pourraient vous terrasser si vous en abusez. Chaque type connu est représenté dans ce livre de recettes et j'espère que vous apprécierez les particularités des plats dictées par le genre auquel ils appartiennent.

Toutes les recettes de cet ouvrage possèdent un esprit familial, car les Pokémon ont des fans de tous âges et l'un des autres buts de ce livre est de réunir la famille dans la cuisine en combinant l'amour de la gastronomie à celui des Pokémon. Vous trouverez donc dans ces pages des façons amusantes de faire vivre des aventures culinaires à celles et ceux qui n'ont que peu d'expérience en la matière.

Alors, tous aux fourneaux ! De nombreuses friandises amusantes et des plats succulents vous attendent. Vous allez pouvoir les préparer tous et sans doute vous faire quelques amis en chemin.

Guide des ingrédients...

Aburaage est le nom de petites poches de tofu finement tranchées et frites venues de la gastronomie japonaise.

Variété de banane farineuse, la **banane plantain** ne peut pas être mangée crue. Les bananes plantain qui ne sont pas mûres ont une peau verte. En mûrissant, elles deviennent jaunes (mi-maturité), puis noires (maturité atteinte).

Plante dont la tige est violette et les feuilles sont vertes, **le basilic thaï** sert dans la cuisine du sud-est asiatique. Sa saveur légèrement épicée rappelle la réglisse. Ce basilic est plus résistant que la variété italienne et supporte donc des températures de cuisson plus élevées. On peut remplacer le basilic thaï par une autre variété, mais la saveur changera.

Extrêmement fine, **la feuille de riz** est utilisée en cuisine vietnamienne pour envelopper les ingrédients de certains plats. Ces feuilles sont sèches et doivent être réhydratées avant usage.

Les fleurs de pois-papillons poussent en Asie du Sud-Est et sont utilisées séchées. Le plus souvent, on les consomme en tisane. Elles servent aussi à teindre les vêtements d'une éclatante couleur bleue.

Le gochujang qui nous vient de Corée est un condiment épais à base de piments rouges, de riz collant, de soja fermenté et d'édulcorants. La force du gochujang varie et est indiquée sur sa boîte. Une fois que celle-ci est ouverte, il faut conserver ce produit dans une boîte hermétique au réfrigérateur.

Le lait concentré non sucré est un lait qui a été chauffé afin de perdre 60 % de l'eau qu'il contient pour obtenir une texture dense et crémeuse. Une boîte de lait concentré peut être conservée au sec environ 6 mois, mais, une fois ouverte, il faut la garder au réfrigérateur et l'utiliser avant 5 jours.

Le lait concentré sucré est un lait qui a été chauffé afin de perdre 60 % de l'eau qu'il contient avant d'être mélangé à du sucre puis mis en boîte. C'est un produit très épais au goût caramélisé. Tant que la conserve est fermée, on peut la conserver au sec un an. Une fois qu'elle est ouverte, il faut consommer ou utiliser ce lait sous 2 semaines.

Le mélange cinq-épices chinois se compose de cardamone, de poivre du Sichuan, d'anis étoilé, de graines de fenouil et de clous de girofle. On peut le conserver au sec jusqu'à une année, mais n'oubliez pas que plus on les garde, plus les épices perdent de leur saveur.

Le miso est une pâte de soja fermenté. Il en existe plusieurs variétés parmi lesquelles la blanche (saveur la plus douce) et la rouge (plus salée et à la saveur plus prononcée, elle a maturé plus longtemps). Le miso peut être conservé dans un récipient hermétique au réfrigérateur.

Nori est un terme qui désigne une feuille séchée d'algue marine utilisée en cuisine japonaise. On s'en sert surtout pour enrouler certains sushis. Il faut la conserver dans un endroit sec et frais.

Le piment de Calabre est un petit piment fumé originaire d'Italie. Sur l'échelle de Scoville, qui note la force des piments et monte jusqu'à 16 000 000 000, sa force se situe entre 25 000 et 40 000. Il est donc assez doux.

La poudre de fraise est composée de fraises déshydratées qui ont été moulues. On trouve facilement ce produit en ligne, mais vous pouvez en confectionner vous-même en passant des fraises déshydratées au mixeur.

La poudre de piment du Cachemire est faite à partir de piments séchés et moulus. Moyennement piquante, elle est d'une couleur rouge éclatante. Pour la remplacer, on peut utiliser du paprika ou tout autre piment de force moyenne.

La sauce hoisin, épaisse et sucrée, est utilisée en cuisine chinoise, notamment pour les cuissons au barbecue. Elle est composée de soja fermenté et de mélange cinq-épices chinois. On peut s'en servir lors de la cuisson ou en accompagnement, pour y tremper des aliments. La sauce hoisin se garde au sec jusqu'à ouverture. Ensuite, il convient de la conserver au réfrigérateur.

Épaisse et sucrée, **la sauce tonkatsu** est utilisée en cuisine japonaise et peut être conservée dans un placard. Une fois ouverte, il est possible de la garder au réfrigérateur dans un récipient hermétique pendant environ deux mois.

La spiruline bleue est un extrait de la spiruline, une microalgue. Dans les recettes de ce livre, elle est utilisée en poudre.

Les umeboshi sont des prunes macérées utilisées en cuisine japonaise. Elles sont très acides et salées.

Vital Wheat Gluten est une farine de blé dont on a enlevé presque tout l'amidon pour ne conserver que les protéines de la céréale. Le taux de protéine oscille entre 75 et 85 %. L'ajouter à une pâte confèrera à cette dernière une texture plus élastique.

Au sujet des allergies...

Chaque Pokémon possède ses propres forces et ses faiblesses. De la même manière, chacun d'entre nous a des goûts et des restrictions alimentaires qui lui sont propres. Quand on cuisine, il est important d'être prêt à accepter certaines concessions afin d'éviter toute allergie alimentaire. N'oubliez pas de vous adapter à ces impératifs tant pour vous-même que pour vos invités. Il est toujours envisageable de procéder à quelques modifications afin que les recettes répondent aux besoins des convives.

S'adapter aux régimes végétariens

La plupart des recettes de ce livre sont conçues pour les végétariens et les vegans. Les deux dernières recettes peuvent être adaptées en fonction des restrictions de votre régime. Remplacez les protéines par une version grillée de votre légume préféré ou un substitut de viande, mais n'oubliez pas que cela va changer les temps de cuisson. De nombreux plats végétariens peuvent être modifiés pour devenir vegans tout simplement en utilisant des alternatives aux produits laitiers et au miel.

S'adapter aux régimes sans gluten

Pour la plupart des recettes, il est possible d'utiliser une part équivalente de substitut de gluten en tant que farine. Cependant, préparez-vous à devoir modifier les quantités au cas où la consistance finale vous semblerait incompatible avec la description faite dans la recette.

S'adapter aux régimes sans lactose

N'hésitez pas à remplacer le lait et la crème fraîche par votre boisson végétale préférée (amande, soja, avoine...). Il existe également beaucoup d'alternatives au beurre que je vous recommande pour remplacer la version traditionnelle utilisée dans les recettes. Toutefois, je ne conseille pas de remplacer le beurre par de l'huile, car vous n'obtiendrez pas la consistance désirée pour certaines recettes. Si vous décidez malgré tout de vous en servir, ajoutez l'huile petit à petit.

Poké Ball
Sombre Ball
Speed Ball

Poké bowls - Poké Ball

Il existe toutes sortes de Poké Balls, mais chacune d'entre elles ne convient qu'à des circonstances bien déterminées. Un entraîneur de Pokémon se devant d'être toujours prêt, confectionnons votre Poké Ball préférée à partir de vos ingrédients favoris !

Difficulté : ●●○○
Préparation : 45 min
Repos : 1 h
Cuisson : 15 min
Pour 6 parts
Notes diététiques
• **Poké Ball et Speed Ball** : sans lactose
• **Sombre Ball** : vegan

Ustensiles : rice cooker, planche à découper, couteau, petite poêle antiadhésive

Pour le riz à sushi

840 g de riz à sushi
Eau
2 cuil. à soupe de vinaigre de riz
1 cuil. à soupe de sucre
½ cuil. à café de gros sel

Notes : assurez-vous de suivre les quantités indiquées par votre rice cooker. Mesurez l'eau avec le récipient qui est fourni et ajoutez la quantité recommandée.

Pour la Poké Ball

2 cuil. à soupe de sauce soja
2 cuil. à café d'huile de sésame
1 cuil. à café de vinaigre de riz
1 cuil. à café de gingembre frais râpé
Les parties blanches et légèrement vertes d'une cive émincées très finement
340 g de thon frais coupé en dés
¼ à ½ du volume de riz cuit
1 feuille de nori

POUR LE RIZ À SUSHI

1. Mettez le riz dans un bol, remplissez-le d'eau froide, puis brassez doucement le riz dans l'eau. Celle-ci va devenir opaque, ce qui signifie que le riz a encore besoin d'être lavé. Égouttez le riz et recommencez l'opération jusqu'à ce que l'eau reste claire.

2. Mettez le riz lavé et la quantité d'eau requise dans le rice cooker, puis faites-le cuire.

3. Une fois que c'est fait, transférez le riz dans un récipient non métallique.

4. Dans un petit récipient, mélangez le vinaigre de riz, le sucre et le gros sel. Versez ce mélange sur le riz alors que celui-ci est encore chaud. Avec une spatule à riz, incorporez ce liquide et mélangez jusqu'à ce que le riz ait refroidi.

POUR LA POKÉ BALL

1. Placez la sauce soja, l'huile de sésame, le vinaigre de riz, le gingembre et la cive dans un récipient à fermeture hermétique et fouettez jusqu'à ce que l'ensemble soit bien lié. Ajoutez le thon et mélangez. Refermez le récipient et laissez-le reposer au réfrigérateur 30 min à 1 h.

2. Au moment de servir, prenez deux bols et disposez dans chacun une portion de riz à sushi. Tassez un peu, puis recouvrez la moitié du riz avec la moitié de la préparation au thon. Coupez une feuille de nori pour figurer la ligne noire au centre de la Poké Ball et posez-la sur le riz.

Ustensiles : rice cooker, planche à découper, couteau, petite poêle antiadhésive

Pour la Sombre Ball

450 g de pastèque sans pépins coupée en cubes

3 cuil. à soupe de sauce soja

Le zeste et le jus de 1 citron vert

2 cuil. à café d'huile de sésame

2 cuil. à café de vinaigre de riz

1 cuil. à café de gingembre frais râpé

1 cuil. à café de sucre

¼ à ½ du volume de riz cuit

80 g de fèves edamame cuites

1 avocat épluché, dénoyauté et coupé en tranches fines

1 feuille de nori

Pour la Speed Ball

2 cuil. à soupe de sauce soja

2 cuil à café d'huile de sésame

1 cuil. à café de vinaigre de riz

1 cuil. à café de gingembre frais râpé

Les parties blanches et légèrement vertes d'une cive émincées très finement

340 g de saumon frais coupé en dés

¼ à ½ du volume de riz cuit

1 mangue épluchée et découpée en tranches fines

1 feuille de nori

POUR LA SOMBRE BALL

1. Posez une poêle de taille moyenne sur feu moyen. Quand elle est chaude, ajoutez la pastèque et faites-la cuire jusqu'à ce qu'elle ne rende plus d'eau, soit entre 5 et 8 min. Sortez la pastèque du feu et laissez-la refroidir.

2. Réunissez la sauce soja, le jus et le zeste du citron vert, l'huile de sésame, le vinaigre de riz, le gingembre et le sucre dans un récipient à fermeture hermétique. Fouettez jusqu'à ce que l'ensemble soit bien lié. Ajoutez les dés de pastèque et mélangez. Refermez le récipient et mettez-le au réfrigérateur. Laissez reposer au moins 1 h (mais de préférence 1 nuit).

3. Au moment de servir, prenez deux bols et disposez dans chacun une portion de riz à sushi. Tassez un peu, puis recouvrez la moitié du riz de fèves edamame et l'autre moitié de tranches d'avocat. Disposez des morceaux de la feuille de nori taillés pour figurer les lignes noires de la Sombre Ball. Disposez enfin une rangée de dés de pastèque au centre.

POUR LA SPEED BALL

1. Placez la sauce soja, l'huile de sésame, le vinaigre de riz, le gingembre et la cive dans un récipient à fermeture hermétique et fouettez jusqu'à ce que l'ensemble soit bien lié. Ajoutez le saumon et mélangez. Refermez le récipient et laissez-le reposer au réfrigérateur 30 min à 1 h.

2. Au moment de servir, prenez deux bols et disposez dans chacun une portion de riz à sushi. Tassez un peu, puis recouvrez la moitié du riz avec la moitié de la préparation au saumon. Disposez des tranches de mangue sur les bords pour donner l'aspect de la Speed Ball. Coupez une feuille de nori pour figurer la ligne noire au centre de la Speed Ball.

Région de Kanto

Dracaufeu

Pikachu

Ectoplasma

Poissoroy

Dracolosse

Dracaufeu

Arrabiata épicée

La sauce arrabbiata de cette recette est aussi savoureuse que relevée. Si vous en mangez beaucoup, vous pourriez cracher des flammes, comme Dracaufeu. Prenez garde à ne pas mettre le feu à la cuisine !

Difficulté : ●○○○
Préparation : 30 min
Cuisson : 45 min
Pour 4 parts
Notes diététiques : végétarien

Ustensiles : grande poêle antiadhésive, grande cocotte, planche à découper, couteau, râpe à fromage

- 3 cuil. à soupe d'huile d'olive
- 5 gousses d'ail hachées
- 2 cuil. à soupe de concentré de tomates
- 1 cuil. à café de paprika doux
- 1 cuil. à café de flocons de piments déshydratés
- 4 à 6 piments de Calabre hachés
- Le zeste de 1 gros citron
- 1 boîte de 790 g de tomates San Marzano pelées
- 2 cuil. à café de sucre
- 25 g de Pecorino Romano râpé
- 500 g de tagliatelles cuites (réservez 1 tasse de l'eau de cuisson)
- Gros sel
- Poivre noir moulu
- 7 g de basilic frais

1. Mélangez l'huile d'olive, l'ail et le concentré de tomates dans la poêle. Faites cuire 5 min sur feu moyen, jusqu'à ce que l'ail commence à colorer. Ajoutez le paprika, les flocons de piments, les piments de Calabre et le zeste de citron.
2. Écrasez les tomates à la main et ajoutez-les dans la poêle. Incorporez le sucre, le Pecorino Romano et mélangez le tout. Réduisez le feu et laissez cuire 30 min.
3. Ajoutez les pâtes cuites et mélangez bien. Si la sauce est trop sèche, ajoutez un peu de l'eau de cuisson des pâtes. Assaisonnez de sel et de poivre. Servez accompagné de basilic frais et de Pecorino Romano râpé.

Pikachu

Tartelettes au citron

Ces tartelettes au citron constituent le dessert parfait à déguster entre amis. Si, contrairement à Pikachu, vous ne pouvez pas échanger de l'électricité avec vos proches, la saveur de ces pâtisseries électrisera leur palais.

Difficulté : ●●○○
Préparation : 1 h
Repos : 3 h
Cuisson : 30 min
Pour 12 tartelettes
Notes diététiques : végétarien

Ustensiles : batteur, moules à tartelettes de 10 cm de diamètre, rouleau à pâtisserie, grande plaque de cuisson, papier sulfurisé, billes pour fonds de tarte, casserole de taille moyenne, spatule, grille à pâtisserie, poche à douille

Pour les fonds de tartelettes

230 g de farine
65 g de sucre en poudre
½ cuil. à café de gros sel
110 g de beurre doux froid coupé en cubes
2 jaunes d'œufs
1 cuil. à soupe de zeste de citron
1 cuil. à café d'extrait de vanille
1 cuil. à soupe de lait

Pour le lemon curd

6 jaunes d'œufs
250 g de sucre semoule
2 cuil. à soupe de zeste de citron
15 cl de jus de citron
1 pincée de gros sel
170 g de beurre doux
2 gouttes de colorant alimentaire jaune (facultatif)

Pour le montage

Framboises fraîches pour la décoration
Des pastilles en chocolat (par exemple des Candy Melts®) blanches, jaunes et noires pour la décoration

POUR LES FONDS DE TARTELETTES

1. Réunissez la farine, le sucre en poudre et le sel dans la cuve du batteur. Ajoutez le beurre. Pétrissez les ingrédients jusqu'à ce que l'ensemble prenne un aspect granuleux où l'on voit des petits morceaux de beurre.

2. Ajoutez les jaunes d'œufs, le zeste de citron, l'extrait de vanille et le lait. Pétrissez jusqu'à ce que la pâte soit liée. Rassemblez la pâte à la main, puis divisez votre pâton en deux. Laissez-les reposer au réfrigérateur, emballés dans du film alimentaire au moins 1 h.

3. Ressortez l'un de vos pâtons et divisez-le en 6 boules égales. Avec un rouleau à pâtisserie, abaissez une des boules au format des moules à tartelettes. Déposez dans un moule, puis enlevez tout excédent avec un couteau. Piquez le fond et placez le moule garni sur une plaque de cuisson. Répétez le processus avec les autres boules de pâte. Déposez la plaque de moules à tartelettes dans le congélateur 10 min.

Note : si vous n'avez pas assez de moules à tartelettes, préparez les fonds en plusieurs fois. Assurez-vous juste de garder au réfrigérateur la pâte dont vous ne vous servez pas en attendant de l'utiliser.

4. Préchauffez votre four à 190 °C (th. 6). Placez un petit rond de papier sulfurisé dans chaque fond de tartelette et déposez dessus des billes alimentaires ou des haricots secs afin que la pâte ne lève pas. Enfournez 13 min.

5. Sortez les fonds de tartelettes du four, puis retirez le papier sulfurisé ainsi que les billes ou les haricots. Remettez les fonds de tartelettes au four et faites-les dorer encore 3 à 5 min. Sortez-les du four et laissez-les refroidir quelques instants avant de les démouler. Placez-les alors sur une grille à pâtisserie et laissez-les refroidir complètement.

La suite page suivante

POUR LE LEMON CURD

1. Dans une casserole de taille moyenne, fouettez les jaunes d'œufs, le sucre et le zeste de citron jusqu'à ce que le sucre soit dissous. Ajoutez le jus de citron et le sel. Posez la casserole sur un feu doux et fouettez la préparation jusqu'à ce qu'elle épaississe, soit pendant environ 10 min.

Note : pour vous assurer que le lemon curd est assez épais, plongez une cuillère dans le mélange puis passez un doigt sur le dos de la cuillère. Si la trace de votre doigt tient, c'est prêt. N'oubliez pas que le lemon curd continue d'épaissir en refroidissant.

2. Ajoutez le beurre et le colorant alimentaire jaune. Fouettez jusqu'à ce que le beurre ait complètement fondu. Laissez refroidir 10 min.

3. Déposez avec précaution le lemon curd dans les fonds de tartelettes. Si des bulles apparaissent, crevez-les avec un couteau pointu. Déposez les fonds de tartelettes dans un plat creux et couvrez-le. Veillez à ce que rien ne touche le lemon curd afin qu'il ne colle à rien en refroidissant. Placez vos tartelettes au réfrigérateur au moins 1 h avant de servir (le reste de lemon curd peut être conservé jusqu'à une semaine au réfrigérateur).

4. Habillez une plaque de cuisson d'une feuille de papier sulfurisé. Commencez en confectionnant les yeux. Mettez les pastilles de chocolat blanches dans une poche à pâtisserie et faites-la chauffer au micro-ondes entre 30 sec et 1 min, jusqu'à ce qu'elles aient fondu.

5. Découpez une ouverture étroite à la pointe de la poche à pâtisserie. Sur le papier sulfurisé, formez 24 petits cercles blancs qui seront les fonds des yeux de Pikachu.

6. Mettez les pastilles de chocolat noires dans une poche à pâtisserie et faites-la chauffer au micro-ondes entre 30 sec et 1 min, jusqu'à ce qu'elles aient fondu.

7. Découpez une ouverture étroite à la pointe de la poche à pâtisserie et déposez avec précaution du noir sur les fonds blancs des yeux de Pikachu. Ne laissez qu'une pointe de blanc. Pour les oreilles, formez la partie noire qui constitue leur pointe sur le papier sulfurisé jusqu'à obtenir 24 pointes.

8. Mettez les pastilles de chocolat jaunes dans une poche à pâtisserie et faites-la chauffer au micro-ondes entre 30 sec et 1 min, jusqu'à ce qu'elles aient fondu.

9. Découpez une ouverture étroite à la pointe de la poche à pâtisserie et formez la partie jaune des oreilles de Pikachu sous les 24 pointes noires.

10. Utilisez le reste des pastilles noires fondues pour former la bouche et le nez de Pikachu. Au moment de placer tous ces éléments en chocolat sur les tartelettes, assurez-vous de retourner les éléments qui constituent la bouche et le nez.

POUR L'ASSEMBLAGE

Créez le visage de Pikachu sur les tartelettes en déposant la bouche et le nez (en les retournant, donc), les oreilles et les yeux en chocolat à leur place, puis ajoutez 2 framboises pour figurer les joues roses de ce Pokémon.

Ectoplasma

Bowl au yaourt

D'un beau violet profond qui rappelle Ectoplasma, ce bowl au yaourt est garni de noix et de fruits délicieux qui rendent sa saveur douce et complexe. Vous ressentirez peut-être un frisson en travaillant les fruits gelés, mais ce ne sera sûrement pas parce qu'un Ectoplasma vous regarde cuisiner dans l'ombre.

Difficulté : ●●○○
Préparation : 30 min
Repos : 45 min
Cuisson : 30 min
Pour 1 à 2 bols
Notes diététiques : végétarien

Ustensiles : grand cul-de-poule, spatule, petite casserole, plaque de cuisson de 23x33 cm, papier sulfurisé, mixeur

Pour le granola

360 g de flocons d'avoine à l'ancienne
55 g de noix hachées
55 g de noix de pécan hachées
110 g de beurre doux
115 g de miel
3 cuil. à soupe de sucre brun
½ cuil. à café de cardamome en poudre
½ cuil. à café de gros sel
Les graines de 1 gousse de vanille
70 g de cerises séchées
40 g de myrtilles séchées

Pour la garniture yaourt et fruits

245 g de yaourt nature
140 g de myrtilles surgelées
90 g de mûres surgelées
1 banane

Pour servir

75 g de granola
Garniture yaourt-fruits
Copeaux de noix de coco
Fraises fraîches

POUR LE GRANOLA

1. Préchauffez votre four à 180 °C (th. 6). Habillez la plaque de cuisson d'une feuille de papier sulfurisé. Mélangez les flocons d'avoine, les noix et les noix de pécan dans un grand cul-de-poule. Réservez.

2. Mélangez le beurre, le miel, le sucre brun, la cardamome, le sel, les graines de vanille dans une petite casserole. Posez-la sur un feu moyen et mélangez jusqu'à ce que le beurre ait fondu et le sucre soit dissous. Versez cette préparation dans le cul-de-poule contenant le mélange sec et remuez pour bien agglomérer le tout.

3. Déposez la préparation sur la plaque de cuisson et étalez pour obtenir une couche fine. Mettez la plaque au four et faites cuire 10 min. Sortez la plaque, remuez et remettez à cuire 10 min ou jusqu'à obtenir une belle couleur dorée. Sortez la plaque du four et laissez refroidir 45 min. Dès qu'il est froid, transférez votre granola dans un récipient hermétique. Ajoutez les cerises et les myrtilles séchées. Ce granola peut être conservé à température ambiante pendant 10 jours.

POUR LE YAOURT AUX FRUITS

Versez le yaourt, les myrtilles et les mûres surgelées ainsi que la banane dans le bol du mixeur. Mixez jusqu'à ce que l'ensemble soit bien lisse.

POUR L'ASSEMBLAGE

Disposez le granola au fond du bol. Ajoutez le yaourt aux fruits. Saupoudrez de quelques copeaux de noix de coco, de fraises et d'un supplément de granola selon votre goût.

Poissoroy

Agua fresca aux fruits du dragon

L'agua fresca est une boisson délicieuse et rafraîchissante qui peut être servie toute l'année. Toutefois, la période idéale pour la déguster est l'automne. Ajoutez des glaçons et observez la boisson prendre une éblouissante teinte rouge.

Difficulté : ●○○○
Préparation : 10 min
Repos : 8 h
Pour 4 à 6 verres
Notes diététiques : vegan

Ustensiles : mixeur, grand pichet, bac à glaçons

Pour les glaçons aux agrumes

2 pamplemousses pressés
1 orange sanguine pressée
2 citrons verts pressés
12 cl d'eau
2 cuil. à soupe de grenadine

Pour l'agua fresca aux fruits du dragon

3 pitayas (ou fruits du dragon) à chair blanche
70 cl d'eau de coco
50 g de sucre
3 citrons verts pressés

POUR LES GLAÇONS

Mélangez tous les ingrédients dans un grand saladier. Versez dans un bac à 12 glaçons. Mettez-le au freezer et laissez reposer 8 h avant de servir.

Note : ces glaçons seront moins durs que s'ils étaient composés d'eau uniquement.

POUR L'AGUA FRESCA

1. Ouvrez les pitayas et prélevez-en la chair pour la mettre dans le mixeur. Ajoutez l'eau de coco, le sucre et le jus des citrons verts. Mixez jusqu'à ce que l'ensemble soit lisse et versez dans un grand pichet.

2. Goûtez et, si nécessaire, ajoutez un peu de jus de citron vert. Laissez refroidir 30 min au réfrigérateur (l'agua fresca peut être conservée jusqu'à 3 jours au réfrigérateur).

3. Au moment de servir, mettez 3 glaçons aux agrumes dans un grand verre. Remuez l'agua fresca si elle s'est délitée et versez-la dans le verre.

Dracolosse

Gnocchis à l'écrasé de butternut

Doué d'un grand cœur, Dracolosse se met toujours au service des gens en détresse. Et une fois que vous aurez goûté à ces gnocchis, vous n'aurez qu'une envie : vous resservir de ce plat délicieux.

Difficulté : ●●○○
Préparation : 30 min
Cuisson : 2 h
Pour 4 parts
Notes diététiques : végétarien

Ustensiles : planche à découper, couteau, grande plaque de cuisson, mixeur, grande cocotte, grande poêle antiadhésive

½ courge butternut coupée en deux et épépinée
1 cuil. à soupe d'huile d'olive + un peu pour masser la courge
Gros sel
1 oignon ciselé
4 gousses d'ail hachées
1 cuil. à soupe de shiro miso
½ cuil. à café de sauge déshydratée
40 cl de lait de coco
480 g de gnocchis prêts à cuire
55 g de beurre doux
10 feuilles de sauge fraîche grossièrement ciselées

1. Préchauffez votre four à 190 °C (th. 6). Déposez la courge butternut sur la plaque de cuisson, face coupée vers le haut. Massez-la à l'huile d'olive et assaisonnez-la généreusement de sel. Faites cuire au four 1 h à 1 h 30, jusqu'à ce que la chair soit tendre. Sortez la courge du four et laissez-la refroidir. Une fois que c'est fait, enlevez la peau au couteau et placez la chair dans un mixeur.
2. Posez la poêle antiadhésive sur feu moyen. Versez-y 1 cuil. à soupe d'huile d'olive et laissez-la chauffer. Ajoutez l'oignon et faites-le sauter environ 5 min. Ajoutez l'ail et faites-le sauter environ 2 min. Sortez la poêle du feu et versez son contenu dans le mixeur.
3. Ajoutez le shiro miso, la sauge déshydratée et le lait de coco dans le mixeur. Mélangez jusqu'à ce que la préparation soit bien liée. Réservez le temps de préparer les gnocchis.

Note : cette sauce sera relativement épaisse, mais pas assez pour que le mixeur ne parvienne pas à la mélanger. Si elle est trop épaisse à votre goût, ajoutez un peu de lait de coco ou d'eau.

4. Portez à ébullition une grande cocotte d'eau salée sur un feu vif. Faites cuire les gnocchis en suivant les instructions du paquet. Réservez environ ½ l d'eau de cuisson, puis égouttez les gnocchis.
5. Remettez la poêle antiadhésive à chauffer sur feu moyen-vif. Faites fondre 30 g de beurre. Ajoutez les gnocchis et faites-les sauter jusqu'à ce qu'ils soient dorés, soit environ 2 min par face. Répartissez-les dans 4 assiettes.
6. Faites fondre le reste du beurre dans la poêle. Ajoutez la sauge fraîche et faites-la cuire jusqu'à ce qu'elle colore légèrement, soit environ 2 min. Déposez-la dans une autre assiette.
7. Versez la courge mixée dans la poêle et faites-la chauffer. Si cette préparation devient trop épaisse, ajoutez un peu de l'eau de cuisson des gnocchis et mélangez bien. Versez cette préparation sur les gnocchis et ajoutez la sauge ciselée.

Région de Johto

Fouinar

Pharamp

Caratroc

Noctali

Marcacrin

Écrémeuh

Fouinar

Pancakes souples

D'une souplesse remarquable, Fouinar peut se glisser dans des espaces très étroits pour prendre la fuite. Ces pancakes sont aussi souples que lui et ont des anneaux rappelant les motifs de la queue de ce Pokémon. Attention, toutefois. Si vous en abusez, vous pourriez vous sentir moins agile que Fouinar.

Difficulté : ●●○○
Préparation : 30 min
Repos : 20 min
Cuisson : 10 min par fournée
Pour 4 à 6 personnes
Notes diététiques : végétarien

Ustensiles : cul-de-poule de taille moyenne, grand cul-de-poule, fouet, poêle antiadhésive de taille moyenne

Pour les pancakes cardamome-vanille

140 g de farine
½ cuil. à café de cardamome en poudre
¼ cuil. à café de cannelle en poudre
2 cuil. à soupe de sucre
Les graines de ½ gousse de vanille
1 cuil. à café de levure chimique
½ cuil. à café de bicarbonate de soude
1 pincée de gros sel
1 œuf
17,5 cl de babeurre
30 g de beurre fondu et refroidi
1 cuil. à café d'extrait de vanille
Spray de cuisson antiadhésif

Pour les pancakes au chocolat

140 g de farine
1 cuil. à soupe de cacao non sucré
2 cuil. à soupe de sucre
1 cuil. à café de levure chimique
½ cuil. à café de bicarbonate de soude
1 pincée de gros sel
1 œuf
175 g de babeurre
30 g de beurre fondu et refroidi
½ cuil. à café d'extrait de vanille
Spray de cuisson antiadhésif
Décorations en chocolat (facultatif)

POUR LES PANCAKES CARDAMOME-VANILLE

1. Mélangez la farine, la cardamome, la cannelle, le sucre, les graines de vanille, la levure, le bicarbonate de soude et le sel dans le cul-de-poule de taille moyenne. Séparez le blanc du jaune d'œuf, puis montez le blanc en neige dans le grand cul-de-poule.

2. Incorporez le jaune d'œuf, le babeurre, le beurre fondu et l'extrait de vanille, puis les ingrédients secs. Mélangez le tout avec des mouvements qui ne cassent pas trop le blanc en neige et arrêtez-vous dès que les ingrédients sont bien amalgamés. Laissez reposer 20 min à température ambiante.

3. Faites chauffer la poêle sur un feu moyen et graissez-la d'un jet de spray de cuisson antiadhésif.

4. Versez une louche de pâte dans la poêle chaude et laissez cuire le pancake. Il sera prêt à être retourné dès que de petites bulles apparaîtront à la surface, soit après 3 à 5 min. Retournez-le et faites dorer l'autre face (environ 2 min de cuisson). Répétez l'opération avec le reste de la pâte.

POUR LES PANCAKES AU CHOCOLAT

1. Mélangez la farine, le cacao en poudre, le sucre, la levure chimique, le bicarbonate de soude et le sel dans le cul-de-poule moyen. Séparez le blanc du jaune d'œuf, puis montez le blanc en neige dans le grand cul-de-poule.

2. Incorporez le jaune d'œuf, le babeurre, le beurre fondu et l'extrait de vanille, puis les ingrédients secs. Mélangez le tout avec des mouvements qui ne cassent pas trop le blanc en neige et arrêtez-vous dès que les ingrédients sont bien amalgamés. Laissez reposer 20 min à température ambiante.

3. Faites chauffer la poêle sur un feu moyen et graissez-la d'un jet de spray de cuisson antiadhésif. Versez une louche de pâte dans la poêle chaude et laissez cuire le pancake. Il sera prêt à être retourné dès que de petites bulles apparaîtront à la surface, soit après 3 à 5 min. Retournez-le et faites dorer l'autre face (environ 2 min de cuisson). Répétez l'opération avec le reste de la pâte.

4. Au moment de servir, disposez les pancakes cardamome-vanille et ceux au chocolat en les alternant pour composer le motif de la queue de Fouinar. Sur le pancake du dessus, créez ses yeux, les marques sur ses joues et sa bouche avec les pastilles au chocolat noir. Bonne dégustation !

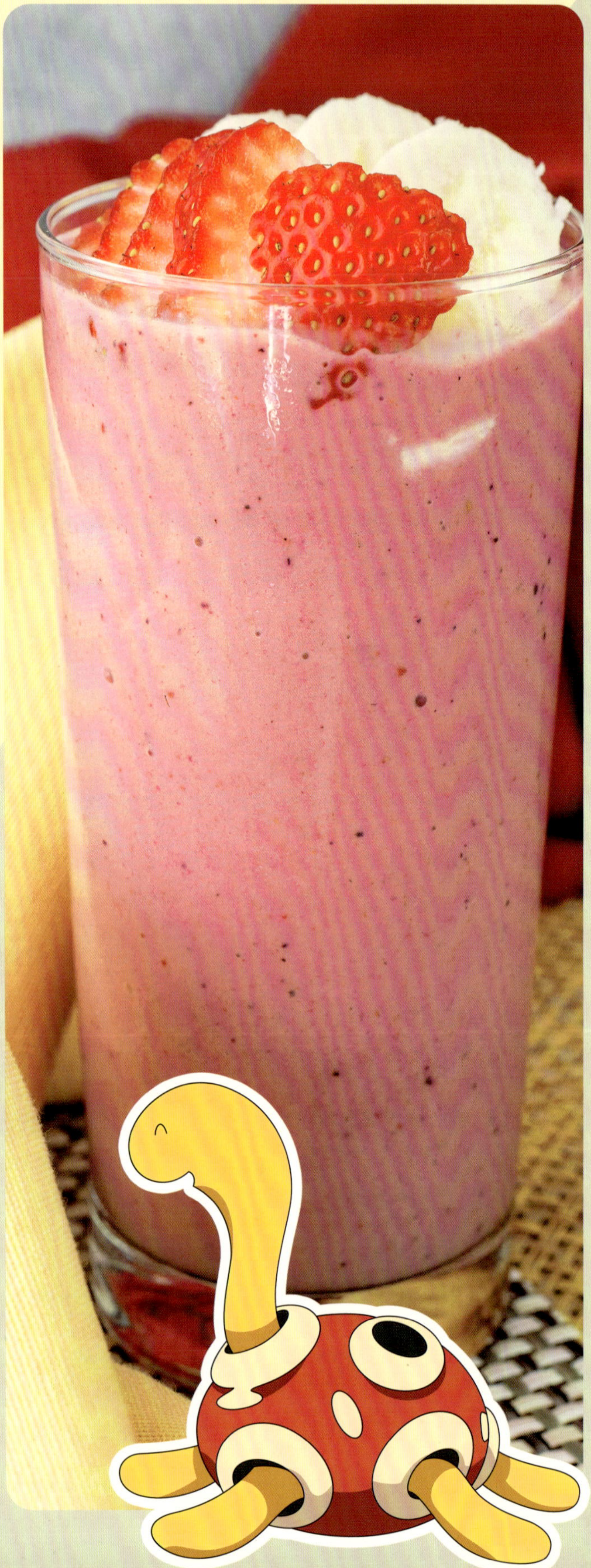

Pharamp
Citronnade

La lumière qui émane de la queue de Pharamp est si puissante qu'elle est visible depuis l'espace. Cette limonade est moins aveuglante, mais elle étanchera la soif de tout le monde.

Difficulté : ●○○○
Préparation : 15 min
Repos : 8 h
Cuisson : 10 min
Pour 4 parts
Notes diététiques : vegan

Ustensiles : petite casserole, grand pichet, bac à glaçons

Pour les glaçons au citron

Le jus de 3 citrons
Le zeste de 2 citrons
12 cl d'eau

Pour le sirop de sucre

12 cl d'eau
110 g de sucre
2 cuil. à café d'acide citrique
Le zeste de 2 citrons

Pour l'assemblage

18 cl de jus de citron (soit entre 3 et 5 citrons pressés)
50 à 70 cl d'eau

POUR LES GLAÇONS AU CITRON

Mélangez les ingrédients dans un grand récipient. Versez votre préparation dans un bac à 12 glaçons. Mettez-le au congélateur au moins 8 h avant de servir.

Note : ces glaçons seront moins durs que s'ils étaient composés uniquement d'eau.

POUR LE SIROP DE SUCRE

Réunissez l'eau, le sucre et l'acide citrique dans la petite casserole, puis posez-la sur feu moyen-vif. Remuez jusqu'à ce que le sucre ait fondu et portez à ébullition. Réduisez le feu et ajoutez le zeste des citrons. Laissez frémir 5 min avant de sortir la casserole du feu et de laisser refroidir.

POUR L'ASSEMBLAGE

Pour préparer la citronnade, assemblez le sirop froid, le jus de citron et l'eau dans un grand pichet. Mélangez. Laissez reposer au réfrigérateur au moins 3 h avant de servir avec les glaçons. La limonade se conservera jusqu'à 7 jours au réfrigérateur.

Caratroc
Jus de baies sauvages

Caratroc aime stocker les Baies Pokémon dans sa coquille où elles se transforment en un jus délicieux. Plutôt qu'attendre de croiser un Caratroc, nous préférons nous procurer nos propres baies et fruits et préparer notre propre boisson.

Difficulté : ●○○○
Préparation : 10 min
Pour 2 verres
Notes diététiques : végétarien

Ustensile : mixeur

1 banane
125 g de fraises surgelées
75 g de framboises surgelées
8 g myrtilles surgelées
255 g de glace au yaourt à la vanille
6 à 10 cl de jus de grenade

Mettez la banane et les fruits surgelés dans le mixeur et mélangez jusqu'à obtenir un résultat lisse. Ajoutez la glace au yaourt à la vanille et la moitié du jus de grenade avant de mixer à nouveau. Si le résultat est trop épais, ajoutez du jus de grenade petit à petit.

Noctali

Bagels au chocolat noir

Quand Noctali se fâche, il secrète du poison qui repousse ceux qui l'entourent. Mais n'ayez crainte, ce bagel est tout à fait comestible. Dès la première bouchée, on plonge dans la saveur du fromage jaune, frais et sucré qui l'accompagne.

Difficulté : ●●●○
Préparation : 1 h
Repos : 12 h
Cuisson 25 min
Pour 6 bagels
Notes diététiques : végétarien

Ustensiles : petit cul-de-poule, grand cul-de-poule, rouleau à pâtisserie, grande plaque de cuisson, papier sulfurisé, grande cocotte, écumoire

Pour le fromage frais sucré

225 g de fromage frais à température ambiante

4 gouttes de colorant alimentaire jaune (facultatif)

Les graines de ½ gousse de vanille

50 g de sucre

Pour les bagels

24 cl d'eau portée à une température entre 41 °C et 43 °C

1 cuil. à soupe de miel

55 g de chocolat noir fondu

3 gouttes de colorant alimentaire noir

385 g de farine à pain

2 cuil. à soupe de cacao en poudre

1 cuil. à soupe de Vital Wheat Gluten

2 cuil. à café de levure du boulanger en poudre

2 cuil. à café de gros sel

Pour le pochage

2 l d'eau

65 g de miel

Pour la dorure à l'œuf

1 œuf

1 cuil. à soupe d'eau

POUR LE FROMAGE FRAIS SUCRÉ

Mélangez tous les ingrédients jusqu'à obtenir un résultat lié et lisse.

POUR LES BAGELS

1. Préparez les bagels : réunissez l'eau, le miel, le chocolat noir et le colorant alimentaire noir dans le petit cul-de-poule. Mélangez jusqu'à ce que le miel ait fondu.
2. Assemblez la farine, le cacao en poudre, le Vital Wheat Gluten, la levure et le sel dans le grand cul-de-poule. Ajoutez le mélange humide aux ingrédients secs et mélangez jusqu'à ce que l'ensemble soit lié. Une fois que c'est fait, laissez reposer 5 min.
3. Déposez votre pâte sur un plan de travail et pétrissez-la pendant environ 10 min. Si la pâte est encore un peu collante, ajoutez un peu de farine. Vous devez obtenir une pâte très ferme. Ensuite, placez-la dans un récipient huilé et couvrez-la. Laissez-la reposer au réfrigérateur pendant au moins 12 h.
4. Sortez la pâte du réfrigérateur et divisez-la en 6 parts égales. Faites-en des boules. Couvrez-les d'un torchon propre et laissez reposer 20 min. Habillez une grande plaque de cuisson avec du papier sulfurisé.
5. Prenez une des boules de pâte et abaissez-la au rouleau à pâtisserie jusqu'à 2,5 cm d'épaisseur. Prenez l'une des extrémités du pâton et roulez-le pour obtenir une forme de boudin.
6. Faites rouler ce boudin sous vos mains pour qu'il atteigne une longueur allant de 20 à 25 cm. Ses extrémités doivent être légèrement plus fines que son centre.
7. Prenez votre boudin, pincez une de ses extrémités entre votre pouce et la base de votre index. En passant par-dessus votre index, faites le tour de votre main. Une fois le boudin ramené sous votre pouce, les deux extrémités doivent se chevaucher sur 4 à 5 cm. Pincez-les ensemble, puis roulez-les délicatement sur le plan de travail pour qu'elles fusionnent.
8. Déposez ce premier bagel sur la plaque de cuisson et recommencez l'opération avec les autres boules de pâte. Couvrez les bagels et laissez-les reposer 30 min, le temps de faire préchauffer votre four à 220 °C (th. 7).

POUR LE POCHAGE

Préparez l'eau de pochage : mélangez l'eau et le miel dans une grande cocotte. Portez à ébullition. Sans qu'ils soient trop serrés (procédez en plusieurs fois si nécessaire), plongez les bagels dans l'eau bouillante. Faites-les pocher 30 sec par face, puis sortez-les à l'écumoire et reposez-les sur la plaque.

POUR LA DORURE

Fouettez ensemble le jaune d'œuf et l'eau. Avec un pinceau, badigeonnez chaque bagel de cette préparation. Enfournez 18 à 20 min en les retournant à mi-cuisson. Servez-les fourrés du fromage frais sucré.

Marcacrin

Truffes

Les Marcacrin n'ont pas l'air rapides, mais, dès qu'un arôme les attire, ils foncent sans que rien ne puisse les retenir. Si vous confectionnez ces succulentes truffes, surtout cachez-les bien ou tout un groupe de Marcacrin pourrait venir vous en réclamer.

Difficulté : ●●○○
Préparation : 30 min
Repos : 4 h
Cuisson : 5 min
Pour 24 à 30 truffes
Notes diététiques : végétarien

Ustensiles : planche à découper, couteau, cul-de-poule de taille moyenne, casserole, spatule, plaque de cuisson de taille moyenne, papier sulfurisé, petit cul-de-poule

340 g de copeaux de chocolat noir
30 g de beurre à température ambiante
12 cl de crème fraîche épaisse
155 g de pâte à tartiner à la noisette
2 cuil. à soupe de miel
1 pincée de gros sel
3 cuil. à soupe de cacao en poudre
Pâte à sucre rose (facultatif)

1. Mettez 285 g de copeaux de chocolat noir dans le cul-de-poule de taille moyenne. Mettez le beurre et la crème fraîche épaisse dans la casserole et faites-les chauffer à feu doux. Une fois que le beurre est chaud, mais sans le laisser bouillir, versez-le sur le chocolat et fouettez la préparation jusqu'à ce qu'elle soit bien lisse.

2. Incorporez la pâte à tartiner, le miel et le sel dans la préparation au chocolat. Laissez-la refroidir complètement avant de la placer 3 h au réfrigérateur afin qu'elle se solidifie.

3. Recouvrez la plaque de cuisson d'une feuille de papier sulfurisé. Versez le cacao en poudre dans le petit cul-de-poule. Prélevez 1 cuil. à café (env. 24 g) de la préparation chocolatée. Roulez-la entre vos doigts pour obtenir une boule. Roulez-la dans le cacao en poudre pour bien l'enrober. Déposez-la sur le papier sulfurisé et recommencez ces opérations avec le reste de la préparation chocolatée..

Note : si le chocolat devient trop mou pour être travaillé, remettez-le au réfrigérateur quelques minutes.

4. Mettez les 55 g de copeaux de chocolat noir restants dans une poche à pâtisserie. Mettez la poche au micro-ondes et faites-la chauffer jusqu'à ce que le chocolat soit fondu. Coupez un petit trou à la pointe de la poche et tracez sur les truffes des lignes ressemblant à celles du pelage des Marcacrin. Prenez votre temps. Si les lignes glissent, remettez-les en place en vous aidant de la pointe d'une petite pique en bois. Vous pouvez si vous le souhaitez ajouter un petit rond de pâte à sucre rose pour figurer le museau de Marcacrin.

5. Une fois que les truffes sont toutes décorées, placez la plaque 1 h au réfrigérateur. Ensuite, rassemblez les truffes dans un récipient hermétique. Vous pourrez les conserver au réfrigérateur jusqu'à 2 semaines.

Écrémeuh

Brioche

Le lait très nourrissant d'Écrémeuh change de goût au gré des saisons. Nous allons donc préparer une brioche joufflue aux saveurs multiples.

Difficulté : ●●○○
Préparation : 30 min
Repos : 2 h
Cuisson : 40 min
Pour 2 brioches
Notes diététiques : végétarien

Ustensiles : petite casserole, batteur avec crochet de pétrissage, 2 grands culs-de-poule, petit cul-de-poule, 2 moules à pain à bords hauts, papier d'aluminium

Pour la dorure
1 œuf
2 cuil. à soupe de lait

Pour la pâte à la vanille
Pour le *tangzhong* (brioche japonaise)
2 cuil. à soupe de farine à pain
8 cl de lait
Pour la pâte
1 cuil. à soupe de levure du boulanger en poudre
18 cl de lait tiède
430 g de farine à pain
1 cuil. à café de gros sel
Les graines de ½ gousse de vanille
80 g de sucre
1 cuil. à café d'extrait de vanille
1 œuf à température ambiante
70 g de beurre doux mou

Pour la pâte à la fraise
Pour *le tangzhong* (brioche japonaise)
2 cuil. à soupe de farine à pain
8 cl de lait
Pour la pâte
1 cuil. à soupe de levure du boulanger en poudre
40 g de poudre de fraise
2 gouttes de colorant rose (facultatif)
18 cl de lait tiède
430 g de farine à pain
1 cuil. à café de gros sel
70 g de sucre
1 œuf à température ambiante
70 g de beurre doux mou

VANILLA DOUGH
POUR LA PÂTE À LA VANILLE

1. Préparez le *tangzhong* : versez la farine à pain et le lait dans une petite casserole et mélangez-les sur feu moyen-vif en fouettant pendant environ 1 min. Laissez refroidir.
2. Préparez la pâte : mélangez la levure et le lait et laissez la levure agir 5 min.
3. Réunissez la farine à pain, le gros sel, les graines de vanille et le sucre dans le bol du batteur. Ajoutez le *tangzhong*, le mélange avec la levure, l'extrait de vanille et l'œuf, puis pétrissez jusqu'à ce que l'ensemble soit lié.
4. Alors que le batteur pétrit la pâte, ajoutez le beurre à raison de 1 cuil. à soupe à la fois. Pétrissez la pâte 5 min. Si elle s'avère trop collante, ajoutez de la farine à raison de 1 cuil. à soupe à la fois. Si elle est trop sèche, détendez-la en ajoutant 1 cuil. à soupe de lait à la fois.
5. Transférez la pâte dans un cul-de-poule huilé. Laissez-la reposer 1 h ou jusqu'à ce qu'elle ait doublé de volume.

POUR LA PÂTE À LA FRAISE

1. Préparez le *tangzhong* : versez la farine à pain et le lait dans une petite casserole et mélangez-les sur feu moyen-vif en fouettant pendant environ 1 min. Laissez refroidir.
2. Préparez la pâte : mélangez la levure, la poudre de fraise et le lait, puis laissez la levure agir 5 min.
3. Réunissez la farine à pain, le gros sel et le sucre dans le bol du batteur. Ajoutez le *tangzhong*, le mélange avec la levure, le colorant et l'œuf, puis pétrissez jusqu'à ce que l'ensemble soit lié.
4. Pendant que le batteur pétrit la pâte, ajoutez le beurre à raison de 1 cuil. à soupe à la fois. Pétrissez la pâte 5 min. Si elle s'avère trop collante, ajoutez de la farine à raison de 1 cuil. à soupe à la fois. Si elle est trop sèche, détendez-la en ajoutant 1 cuil. à soupe de lait à la fois.
5. Transférez la pâte dans un cul-de-poule huilé. Laissez-la reposer 1 h ou jusqu'à ce qu'elle ait doublé de volume.

La suite page suivante

POUR L'ASSEMBLAGE ET LA CUISSON

1. Une fois que les deux pâtons ont doublé de volume, pétrissez-les à la main pour les abaisser. Divisez chacun d'eux en 3 portions égales pour obtenir 3 boules de pâte à la vanille et 3 boules de pâte à la fraise. Beurrez 2 moules à pain.

2. Préparez la première brioche : avec un rouleau à pâtisserie, abaissez une portion de pâte à la fraise pour obtenir un long rectangle. Veillez à ce que la largeur de votre abaisse ne dépasse pas la largeur du moule dont vous vous servez. Roulez votre abaisse en suivant la longueur et placez-la dans un des moules beurrés. Prenez une des boules de pâte à la vanille et répétez l'opération. Déposez cette nouvelle abaisse à côté de celle à la fraise. Prenez une autre portion à la fraise, répétez l'opération et déposez-la à côté de celle à la vanille.

3. Répétez toute l'étape 2 pour assembler la seconde brioche.

Note : la première brioche sera constituée de 2 parts à la fraise et de 1 part à la vanille alors que la deuxième sera faite de 2 parts à la vanille et de 1 part à la fraise. J'aime alterner les deux saveurs pour obtenir des brioches hautes en couleur.

4. Couvrez et laissez pousser encore 45 min ou jusqu'à ce que le volume ait doublé. Préchauffez votre four à 180 °C (th. 6).

5. Dans le petit cul-de-poule, mélangez l'œuf et le lait pour préparer la dorure. Avec un pinceau, badigeonnez le dessus des brioches. Mettez-les au four 15 min. Ensuite, posez une feuille de papier d'aluminium sur chacun, mais sans appuyer. L'idée est d'éviter que les brioches colorent trop, mais il faut quand même qu'elles lèvent. Laissez cuire encore 15 à 25 min.

Région de Hoenn

Flobio

Chapignon

Avaltout

Spinda

Libégon

Relicanth

Flobio

Onigiri à l'umeboshi

Flobio adore jouer dans la boue sur les plages à marée basse. Essayez de donner à ces onigris la forme de Flobio tout en capturant la joie qu'il ressent à glisser partout et à se couvrir de boue !

Difficulté : ●●●○
Préparation : 40 min
Cuisson : 45 min
Pour 10 onigris
Notes diététiques : vegan

Ustensiles : rice cooker, passoire à tamis fin (facultatif), récipient de taille moyenne non métallique, petit bol

Pour le riz à sushi bleu

425 g de riz à sushi
12 fleurs de pois papillons
2 cuil. à soupe de vinaigre de riz
1 cuil. à soupe de sucre
½ cuil. à café de gros sel

Pour le montage des onigiri

10 umeboshi orange coupées en deux
1 petite carotte épluchée
Des graines de sésame noir en décoration
Du gingembre macéré en décoration
Des feuilles de nori en décoration

POUR LE RIZ BLEU

1. Mettez le riz dans un bol, couvrez-le d'eau froide, puis brassez-le doucement dans l'eau. Celle-ci va devenir opaque, ce qui signifie que le riz a encore besoin d'être lavé. Égouttez le riz et recommencez l'opération jusqu'à ce que l'eau reste claire.

Note : vous pouvez utiliser une passoire à mailles fines pour vous aider à égoutter et éviter de perdre des grains de riz. Une option consiste à mettre le riz dans la passoire et à placer celle-ci dans le bol. Remplissez d'eau, frottez, retirez la passoire du bol, versez l'eau et recommencez.

2. Mettez le riz lavé avec les fleurs de pois papillons et le volume d'eau nécessaire dans le rice cooker, puis faites-le cuire. Quand cela est fait, transférez le riz dans un récipient non métallique et enlevez les fleurs de pois papillons.

3. Mélangez le vinaigre de riz, le sucre et le sel dans un petit bol. Ajoutez ce mélange au riz alors que celui-ci est encore chaud. Servez-vous d'une spatule à riz pour le mélanger et continuez jusqu'à ce que le riz soit froid.

Note : vous pouvez ajouter une ou deux gouttes de colorant alimentaire bleu afin de donner une couleur plus soutenue au riz. Je vous recommande d'attendre que le riz soit cuit avant de prendre cette décision.

POUR L'ASSEMBLAGE

1. Préparez un petit bol d'eau afin de vous mouiller les mains pendant l'assemblage. Avec les mains mouillées, prenez une poignée du mélange à base de riz et donnez-lui une forme ovale. Appuyez modérément afin de bien lui faire prendre la forme voulue.

2. Posez les umeboshi coupées en deux sur les côtés pour former les joues de Flobio. Disposez ensuite un bâtonnet de carotte au centre de chaque umeboshi.

3. Pour former les yeux, servez-vous de 2 petites rondelles de carotte coupées en ovale afin de reproduire la forme des yeux de Flobio. Prenez 1 graine de sésame noir avec précaution et mouillez-la avant de la placer au centre de la rondelle de carotte.

7. Avec le gingembre macéré, formez la bouche. Taillez-en un deuxième morceau afin d'obtenir la langue. Enfin, taillez un morceau de feuille de nori et donnez-lui la forme de la nageoire au sommet de la tête.

Chapignon

Rouleaux de printemps

Si vous voulez fêter le printemps en bondissant comme Chapignon, voici la recette qu'il vous faut ! Légers et savoureux, ces rouleaux de printemps vous rafraîchiront et vous donneront le tonus nécessaire aux activités que vous avez prévues.

Difficulté : ●●●○
Préparation : 1 h
Cuisson : 30 min
Pour 14 rouleaux de printemps
Notes diététiques : vegan

Ustensiles : planche à découper, couteau, grand cul-de-poule, grande poêle antiadhésive

Pour les rouleaux de printemps

375 g de tofu bien ferme
Sel
Poivre
40 g de fécule de maïs
1 cuil. à café d'huile de colza
Eau tiède
14 feuilles de riz rondes
1 laitue
230 g de vermicelles de riz cuits et refroidis
1 concombre épluché, coupé en deux dans la longueur, épépiné et coupé en rondelles
2 carottes épluchées et taillées en julienne
1 poivron rouge finement émincé
10 radis coupés en fines rondelles
50 g de coriandre fraîche
45 g de menthe fraîche
85 g de basilic thaï

Pour la sauce à l'arachide

90 g de beurre de cacahuète lisse (sans morceaux)
3 gousses d'ail hachées
1 cuil. à soupe de vinaigre de riz
1 cuil. à soupe de sauce de soja
3 cuil. à soupe de lait de coco
Le jus de 1 citron vert
1 cuil. à soupe de sirop d'érable
1 cuil. à café d'huile de sésame

POUR LES ROULEAUX DE PRINTEMPS

1. Préparez les rouleaux de printemps : disposez le tofu entre deux assiettes et laissez un objet lourd 5 min sur celle du dessus afin d'extraire le liquide. Ensuite, coupez 14 morceaux rectangulaires dans le tofu. Assaisonnez-les de sel et de poivre, puis enrobez-les de fécule de maïs et réservez.

2. Sur feu moyen-vif, faites chauffer l'huile de colza dans la poêle. Ajoutez le tofu et colorez-le sur les deux faces en le cuisant environ 3 min par face. Réservez sur une assiette.

3. Remplissez d'eau tiède un plat creux assez large pour y tremper une feuille de riz. Réhydratez une première feuille jusqu'à ce qu'elle soit légèrement souple, puis posez-la sur la planche à découper.

4. Disposez un morceau de laitue sur la moitié de la feuille la plus proche de vous.

5. Sur la salade, ajoutez une portion de vermicelles, 1 morceau de tofu, 2 ou 3 rondelles de concombre, un peu de carotte, 1 ou 2 tranches de poivron, plusieurs rondelles de radis et les herbes aromatiques.

6. Commencez à rouler la feuille de riz, en partant du bord le plus proche de vous. Quand vous commencez à recouvrir toute la garniture, environ à la moitié de la feuille, ramenez les bords vers l'intérieur. Continuez de rouler jusqu'au bout de la feuille.

Note : les feuilles de riz se fragilisent au fil du temps. Utilisez-les l'une après l'autre pour vous assurer qu'elles ne soient pas trop difficiles à travailler.

POUR LA SAUCE

Mélangez tous les ingrédients dans le cul-de-poule. Servez immédiatement ou conservez au réfrigérateur jusqu'au moment de servir.

Avaltout

Flan d'ube

Même s'il est sans doute tentant de vouloir imiter la manière de se nourrir d'Avaltout et d'engloutir ce flan en une bouchée, mieux vaut lui laisser cette façon de faire. Vous profiterez bien mieux de cette gourmandise en prenant votre temps et en la savourant.

Difficulté : ●●○○
Préparation : 30 min
Repos : 4 h
Cuisson : 1 h
Pour 6 parts
Notes diététiques : végétarien

Ustensiles : casserole de taille moyenne, 6 ramequins de 6 cm de diamètre, grande plaque à rôtir à bords hauts, cul-de-poule de taille moyenne, grand cul-de-poule, papier sulfurisé, rouleau à pâtisserie, grande plaque à pâtisserie

Pour les sablés au chocolat

240 g de farine
1 cuil. à soupe de poudre de cacao
½ cuil. à café de gros sel
110 g de beurre doux à la température ambiante
110 g de sucre
1 œuf
2 cuil. à café d'extrait de vanille

Pour les flans

150 g de sucre
6 cl d'eau
1 cuil. à café de gros sel
3 œufs + 2 jaunes
200 g de lait concentré sucré
170 g de lait concentré non sucré
2 cuil. à café d'arôme d'ube (igname mauve)
1 cuil. à soupe d'extrait de vanille

POUR LES SABLÉS

1. Mélangez la farine, le cacao et le sel dans le cul-de-poule de taille moyenne. Battez le beurre dans le grand cul-de-poule. Quand il est crémeux, ajoutez le sucre et continuez de battre le mélange jusqu'à ce qu'il soit blanchi. Ajoutez l'œuf et l'extrait de vanille. Enfin, ajoutez le mélange à la farine et fouettez jusqu'à ce que l'ensemble soit homogène.
2. Transférez la pâte sur une feuille de papier sulfurisé. Farinez la pâte avec parcimonie, puis recouvrez-la d'une autre feuille de papier sulfurisé. Abaissez-la avec un rouleau à pâtisserie jusqu'à obtenir une épaisseur allant de 6 à 13 mm. Couvrez-la et placez-la au réfrigérateur pour au moins 1 h.
3. Préchauffez le four à 180 °C (th. 6). À l'issue du repos, sortez la pâte et posez-la sur un plan de travail fariné. À l'aide d'un emporte-pièce, découpez les sablés et déposez-les sur une grande plaque de cuisson recouverte d'une feuille de papier sulfurisé. Faites une boule avec les chutes de pâte et abaissez-la afin d'y couper d'autres sablés. Répétez tant qu'il reste de la pâte. Mettez à cuire 8 à 10 min, jusqu'à ce que le centre de vos biscuits soit bien ferme.

Note : vous obtiendrez ainsi bien plus de biscuits que nécessaire pour finaliser les flans d'ube.

POUR LES FLANS

1. Préchauffez le four à 180 °C (th. 6). Faites cuire environ 15 min le sucre et l'eau dans une casserole de taille moyenne sur feu doux-moyen. Le mélange doit prendre une belle couleur dorée. Dès que c'est le cas, ajoutez le gros sel et remuez. Versez le caramel dans les ramequins. Faites tourner chaque ramequin afin que le caramel en recouvre le fond.
2. Mélangez les œufs, les jaunes d'œufs, le lait concentré sucré, le lait concentré non sucré, l'extrait d'ube et l'extrait de vanille dans un cul-de-poule jusqu'à ce que la préparation soit homogène. Répartissez-la dans les ramequins.
3. Déposez les ramequins dans la plaque à four. Versez-y de l'eau jusqu'à atteindre la moitié de la hauteur des ramequins. Enfournez 40 à 50 min.
4. Sortez les ramequins de la plaque à four et laissez-les refroidir. Une fois que cela est fait, placez-les au réfrigérateur pendant au moins 3 h avant de servir. Pour les sortir des ramequins, passez la lame d'un couteau sur les bords, renversez une assiette sur le ramequin et retournez l'ensemble d'un geste. Servez-les accompagnés des biscuits au chocolat.

Spinda

Marbré à la framboise

Le motif tacheté de la fourrure de chaque Spinda est unique. Ces gâteaux marbrés présentent eux aussi de magnifiques tourbillons. À vous de créer un motif unique pour chacun d'entre eux.

Difficulté : ●●○○
Préparation : 45 min
Cuisson 20 à 25 min
Pour 8 mini-marbrés
Notes diététiques : végétarien

Ustensiles : mixeur, passoire à tamis fin, robot pâtissier avec batteur plat, cul-de-poule de taille moyenne, plaque de cuisson à 8 moules pour mini-cakes, grille à pâtisserie, pinceau alimentaire

115 g de framboises fraîches
2 gouttes de colorant alimentaire rouge
1 goutte de colorant alimentaire orange
290 g de farine
2 cuil. à café de levure chimique
1 cuil. à café de gros sel
150 g de beurre doux à température ambiante
225 g de sucre
4 blancs d'œufs à température ambiante
1 cuil. à café d'extrait de vanille
16 cl de babeurre à température ambiante
Spray alimentaire antiadhésif

1. Préchauffez le four à 180 °C (th. 6). Mixez les framboises, puis passez la purée obtenue dans la passoire pour en ôter les graines. Incorporez les colorants alimentaires et réservez.
2. Mélangez la farine, la levure et le sel dans le cul-de-poule. Réservez. Mettez le beurre dans le bol du batteur et faites-le blanchir. Ajoutez le sucre et battez jusqu'à ce que l'ensemble soit lisse. Ajoutez les blancs d'œufs et l'extrait de vanille et mélangez pour obtenir un ensemble homogène.
3. Ajoutez la moitié des ingrédients secs dans le batteur et mélangez. Versez le babeurre et mélangez encore. Réduisez la vitesse du batteur pour éviter les projections et ajoutez le reste des ingrédients secs. Battez jusqu'à l'obtention d'un résultat homogène.
4. Versez la moitié de cette préparation dans un autre récipient. Incorporez la purée de framboises et mélangez jusqu'à ce que la couleur soit uniforme.
5. Badigeonnez d'huile les cavités de la plaque à mini-cakes à l'aide du pinceau. Avec une cuillère, remplissez chaque cavité de pâte en alternant pour créer des motifs uniques.

Note : assurez-vous que les deux couleurs de pâte soient bien visibles sur le dessus. Amusez-vous en créant vos propres combinaisons.

6. Mettez la plaque au four et faites cuire pendant 18 à 25 min. Pour vérifier la cuisson, enfoncez la pointe d'un couteau dans un gâteau. Elle doit ressortir sèche. Une fois cuits, laissez vos cakes refroidir 5 min avant de les démouler.

Libégon

Toast d'avocat

Apercevoir un Libégon est un événement rare, car ceux-ci préfèrent se cacher au cœur des tempêtes de sable plutôt que voler à la vue de tous. Essayez de vous souvenir à quoi ressemble un Libégon en créant le vôtre avec ce délicieux toast d'avocat. Ne soyez pas aussi timide que lui et faites-en profiter vos amis et votre famille.

Difficulté : ●○○○
Préparation : 30 min
Pour 4 parts
Notes diététiques : végétarien

Ustensiles : cul-de-poule de taille moyenne, planche à découper

115 g de fromage à tartiner à température ambiante
30 g de crème aigre
½ cuil. à soupe de jus de citron
1 cuil. à café de zeste de citron
¼ cuil. à café de gros sel
¼ cuil. à café de poivre noir moulu
1 cuil. à café de brins d'aneth
4 tranches épaisses de pain de mie
2 avocats coupés en tranches
1 tomate coupée en tranches
La partie vert sombre de 3 cives, ciselée
Graines de grenade en garniture

1. Mélangez le fromage et la crème dans un cul-de-poule. Ajoutez le jus et les zestes de citron, le sel, le poivre et l'aneth. La préparation doit être tout juste mélangée. Transférez-la dans un récipient hermétique. Ainsi, elle pourra être conservée jusqu'à une semaine au réfrigérateur.

2. Faites toaster le pain de mie à votre convenance. Déposez chaque toast sur une assiette et étalez dessus le mélange au fromage. Ajoutez des tranches d'avocat, de tomate, de la cive et les graines de grenade.

Note : disposez ces éléments afin que le résultat ressemble à Libégon.

Relicanth

Chocolat frappé

Ce chocolat frappé offre une saveur intense inspirée par les profondeurs marines où vit Relicanth. Malgré son apparence sombre et trouble, c'est un vrai délice. N'oubliez pas la cerise qui rappelle la marque de Relicanth.

Difficulté : ●○○○
Préparation : 30 min
Pour 2 chocolats frappés
Notes diététiques : végétarien

Ustensiles : robot de cuisine avec fouet, mixeur avec bol, poche à pâtisserie

Pour la crème fouettée au chocolat
12 cl de crème fraîche épaisse
2 cuil. à soupe de cacao en poudre
1 cuil. à soupe de sucre en poudre

Pour le chocolat noir frappé
1 cuil. à soupe de cacao en poudre
3 cuil. à soupe de lait malté en poudre
6 cl de lait entier
310 g de glace au chocolat
2 cerises au marasquin

POUR LA CRÈME FOUETTÉE AU CHOCOLAT

Réunissez tous les ingrédients dans le bol du robot. Battez à vitesse moyenne jusqu'à ce que des pointes se forment sur le fouet, soit pendant 3 à 5 min. Transférez dans une poche à pâtisserie et mettez au réfrigérateur jusqu'à utilisation.

POUR LE CHOCOLAT NOIR FRAPPÉ

1. Dans le bol du mixeur, versez le cacao en poudre, le lait malté en poudre et le lait. Mixez jusqu'à obtenir un mélange homogène. Ajoutez la crème glacée et mixez jusqu'à obtenir un résultat bien lisse. Si la préparation est trop épaisse, détendez-la avec un peu de lait.

2. Versez dans deux grands verres jusqu'à mi-hauteur environ. Sortez la crème fouettée du réfrigérateur et déposez-en une couche dans les verres. Versez le restant de chocolat frappé, déposez une nouvelle couche de crème fouettée et finissez en surmontant d'une cerise au marasquin.

Région de Sinnoh

Apitrini

Baudrive

Goinfrex

Blizzaroi

Dimoret

Momartik

Apitrini

Biscuits au miel

« Apitrini » est le nom d'un trio qui travaille de concert pour récolter le nectar. Quand vous décorerez ces biscuits, vous pourrez dessiner toutes sortes de visages d'Apitrini et les combiner en groupes rigolos.

Difficulté : ●●○○
Préparation : 30 min
Repos : 1 h
Cuisson : 15 min
Pour 24 biscuits
Notes diététiques : végétarien

Ustensiles : cul-de-poule de taille moyenne, grand cul-de-poule, 2 grandes plaques à pâtisserie, papier sulfurisé, rouleau à pâtisserie, emporte-pièce hexagonal, poche à pâtisserie

560 g de farine
1 cuil. à café de gingembre en poudre
1 cuil. à café de gros sel
225 g de beurre doux à la température ambiante
115 g de sucre
170 g de miel
2 œufs
1 cuil. à café d'extrait de vanille
50 g de chocolat noir dessert

1. Mélangez la farine, le gingembre et le sel dans le cul-de-poule de taille moyenne. Battez le beurre dans le grand cul-de-poule. Ajoutez le sucre et le miel, puis battez jusqu'à ce que le mélange soit blanchi. Ajoutez les œufs et l'extrait de vanille. Mélangez, puis ajoutez la farine et fouettez le tout jusqu'à obtenir une préparation homogène. Divisez cette pâte en deux.

2. Déposez l'une des deux moitiés sur une feuille de papier sulfurisé. Farinez légèrement la pâte et couvrez-la d'une autre feuille de papier sulfurisé. Abaissez-la avec un rouleau à pâtisserie jusqu'à obtenir une épaisseur allant de 6 à 13 mm. Couvrez-la et mettez-la au réfrigérateur au moins 1 h. Répétez l'opération avec l'autre moitié de pâte.

3. Préchauffez le four à 180 °C (th. 6). À l'issue du repos, sortez l'une des plaques et déposez la pâte sur un plan de travail très fariné. Avec l'emporte-pièce, coupez les biscuits et placez-les sur une grande plaque à pâtisserie recouverte d'une feuille de papier sulfurisé. Prenez les chutes de pâte, faites-en une boule, abaissez-la et coupez d'autres biscuits. Répétez jusqu'à ce qu'il n'y ait plus de pâte. Faites cuire 12 à 15 min ou jusqu'à ce que les cookies soient bien dorés. Sortez l'autre plaque de pâte du réfrigérateur et recommencez l'opération.

4. Laissez les biscuits bien refroidir avant de les décorer. Faites fondre le chocolat noir, placez-le dans une poche à pâtisserie et dessinez des yeux et des bouches sur les biscuits pour en faire des visages d'Apitrini.

Baudrive

Marshmallows aux mûres

D'un violet profond, ces marshmallows sont si aériens que l'on pourrait croire qu'ils vont flotter dans l'air comme le fait Baudrive. Si vous le désirez, taillez-les pour leur donner son apparence.

Difficulté : ●●○○
Préparation : 30 min
Repos : 12 h
Cuisson : 15 min
Pour 24 gros marshmallows

Ustensiles : mixeur, passoire à tamis fin, casserole de taille moyenne, thermomètre à sucre, robot pâtissier avec fouet, moule à gâteau à bords hauts de 33x23 cm

230 g de mûres fraîches
20 g de gélatine en poudre
3 gouttes de colorant alimentaire violet (facultatif)
360 g de sucre
165 g de sirop de maïs clair ou de sirop d'agave
½ cuil. à café de gros sel
1 cuil. à café d'extrait de vanille
Spray alimentaire antiadhésif
Sucre glace pour saupoudrer
Pâte à sucre jaune
Crème fouettée pour la décoration

1. Passez les mûres au mixeur jusqu'à obtenir un résultat bien lisse. Transférez cette préparation dans un verre gradué en la passant dans une passoire fine afin d'en ôter les graines. Ajoutez de l'eau dans le verre afin d'obtenir 24 cl.
2. Versez la moitié de cette préparation aux mûres dans le bol du robot pâtissier. Ajoutez la gélatine et le colorant violet. Fouettez l'ensemble et réservez.
3. Dans une casserole sur feu moyen-vif, mélangez le reste de la préparation aux mûres avec le sucre, le sirop de maïs et le sel. À l'aide du thermomètre, laissez monter cette préparation à 116 °C en remuant avant de la sortir du feu.
4. Remettez le robot pâtissier en marche à petite vitesse. Incorporez lentement le mélange sucré. Une fois que c'est fait, mélangez à grande vitesse pendant 10 à 15 min ou jusqu'à ce que l'ensemble se raffermisse. Juste avant d'arrêter, ajoutez l'extrait de vanille.

Note : si vous trouvez que la couleur de votre préparation est trop claire, ajoutez quelques gouttes de colorant alimentaire.

5. Préparez le moule en pulvérisant un peu de spray antiadhésif et en le saupoudrant de sucre glace.
6. Transférez le contenu du bol du robot pâtissier dans le moule et égalisez-le. Saupoudrez le dessus de sucre glace. Laissez reposer 1 nuit sans couvrir. Avec un couteau à la lame légèrement huilée, coupez les chamallows à la taille que vous désirez. Ils peuvent être conservés jusqu'à 2 semaines dans un récipient hermétique.
7. Étalez la pâte à sucre jaune et coupez des croix, pour évoquer celle que Baudrive a au centre du visage. Servez les guimauves accompagnées d'un peu de crème fouettée pour figurer sa houppe blanche.

Goinfrex

Bao à la crème

Les Goinfrex n'ont qu'une obsession : avaler le plus de nourriture possible. Je serais prêt à parier qu'ils pourraient engloutir les dix baos de cette recette. N'essayez pas de les imiter, car vous pourriez avoir mal à l'estomac. Il vaudrait mieux les partager et en garder un peu pour plus tard.

Difficulté : ●●●●
Préparation : 3 h
Repos : 12 h
Cuisson : 45 min
Pour 10 baos
Notes diététiques : végétarien

Ustensiles : 2 grands culs-de-poule, petit cul-de-poule, fouet, passoire à tamis fin, casserole de taille moyenne, robot pâtissier avec crochet pétrisseur, rouleau à pâtisserie, papier sulfurisé, grande cocotte avec panier vapeur

Pour la crème pâtissière
4 jaunes d'œufs
Les graines de 1 demi-gousse de vanille
120 g de sucre
42 cl de lait entier
50 g de farine
20 g de fécule de maïs
½ cuil. à café de gros sel
55 g de beurre fondu et refroidi
1 cuil. à café d'extrait de vanille

Pour la pâte blanche
2 cuil. à café de levure du boulanger
25 cl de lait entier tiède
385 g de farine
75 g de fécule de maïs
1,5 cuil. à café de levure chimique
55 g de sucre
2 cuil. à café de gros sel
30 g de beurre à température ambiante

Pour la pâte bleue
½ cuil. à café de levure du boulanger
6 cl de lait entier tiède
95 g de farine + 2 cuil. à soupe
20 g de fécule de maïs
1/3 cuil. à café de levure du boulanger
1 cuil. à soupe de sucre
½ cuil. à café de gros sel
½ cuil. à soupe de beurre à température ambiante
Colorants alimentaires bleu et noir

Note : il est crucial que la température du lait ne dépasse pas 43 °C. Si c'était le cas, cela détruirait la levure et empêcherait la pâte de lever.

POUR LA CRÈME PÂTISSIÈRE

1. Fouettez les jaunes d'œufs, les graines de vanille et le sucre dans un cul-de-poule jusqu'à ce l'ensemble ait blanchi. Ajoutez le lait et fouettez à nouveau jusqu'à ce que la préparation soit homogène. Mélangez la farine, la fécule et le sel dans un petit récipient. Versez le beurre et le mélange de farine dans le cul-de-poule où se trouvent les jaunes d'œufs. Fouettez bien jusqu'à ce que l'ensemble soit homogène.

2. Placez une passoire à tamis fin au-dessus d'une casserole et passez-y la préparation. Assurez-vous de bien appuyer avec une cuillère au cas où il y aurait des grumeaux. Sur un feu moyen, faites cuire la préparation dans la casserole en la fouettant constamment jusqu'à ce qu'elle épaississe, soit pendant 15 à 25 min. Une fois qu'elle a épaissi, sortez la casserole du feu et incorporez l'extrait de vanille.

3. Transférez la crème pâtissière dans un récipient hermétique et, sans le fermer, laissez-la refroidir complètement. Déposez alors une feuille de papier film directement en contact avec la crème, couvrez et mettez-la au réfrigérateur 1 nuit ou au moins 12 h.

4. Ceci fait, coupez cette crème pâtissière bien dure en 10 portions. Roulez chacune d'entre elles en boule entre vos mains. Remettez-les dans le récipient hermétique, couvrez et remettez le tout au réfrigérateur.

POUR LA PÂTE BLANCHE

1. Mélangez la levure et le lait. Laissez reposer 5 min ou jusqu'au moment où la levure devient active. Mélangez la farine, la fécule, la levure chimique, le sucre et le sel dans le bol du robot pâtissier. En battant à petite vitesse, incorporez la partie liquide à la farine et mélangez jusqu'à ce que l'ensemble soit homogène.

2. Montez la vitesse à la moitié de la puissance et laissez pétrir. Quand la pâte commence à se lier, ajoutez le beurre petit à petit. Pétrissez 5 min. Si la pâte est trop collante, ajoutez de la farine à raison de 1 cuil. à soupe à la fois. Si elle est trop sèche, ajoutez du lait à raison de 1 cuil. à soupe à la fois. Transférez la pâte dans un récipient huilé et laissez-la reposer 2 h ou jusqu'à ce que son volume ait doublé.

La suite page suivante

POUR LA PÂTE BLEUE

Répétez les étapes 1 et 2 précédentes à une différence près. Ajoutez le colorant alimentaire bleu au mélange levure-lait. Pour obtenir une couleur vive et selon la force du colorant que vous utilisez, il vous faudra peut-être plusieurs gouttes.

POUR L'ASSEMBLAGE ET LA CUISSON

1. Écrasez la pâte blanche du poing et abaissez-la au rouleau pour en extraire les bulles d'air. Réservez environ 2 cuil. à soupe de pâte pour les yeux et les dents. Divisez le reste en 10 portions égales. Donnez à chacune d'entre elles la forme d'une petite boule. Couvrez avec un torchon propre et laissez reposer 15 min.

2. Prenez une portion et abaissez-la au rouleau pour qu'elle fasse environ 13 cm de diamètre. Assurez-vous que le centre est plus épais que les bords. Déposez une des boules de crème pâtissière au centre. Mouillez vos doigts et humidifiez les bords de votre abaisse. Ramenez les bords vers le haut et scellez-les. Retournez la boule, fermeture contre le plan de travail et faites-la délicatement tourner sous votre main afin d'aplanir le pli, puis déposez-la sur une feuille de papier sulfurisé, pli vers le bas. Répétez avec les autres portions.

3. Prenez un quart de la pâte blanche que vous avez réservée et ajoutez-y du colorant noir. Mélangez jusqu'à obtenir la couleur désirée. Cela servira pour les pupilles.

Note : pour éviter de vous teinter les mains, utilisez des gants de cuisine jetables.

4. Abaissez la pâte bleue jusqu'à ce qu'elle soit très fine. Découpez-y un cercle. À un peu moins que le quart du diamètre de ce cercle, coupez et enlevez une bande de pâte. Prenez l'un des baos. Humidifiez légèrement la pâte bleue et déposez-la sur le bao en l'entourant. Appuyez un peu à sa base pour la coller.

5. Prenez 1 cuil. à café de pâte bleue et donnez-lui la forme d'une des oreilles de Goinfrex. Humidifiez sa base et collez-la sur le bao. Recommencez pour l'autre oreille.

6. Prenez un peu de la pâte blanche réservée. Formez-y deux yeux et deux dents. Humidifiez-les et placez-les sur le bao afin de créer le visage de Goinfrex. Avec la pâte noire, formez les pupilles. Quand il est complet, déposez le bao dans le panier vapeur.

7. Répétez les étapes 4 à 6 avec les baos restants.

8. Laissez les baos reposer 30 min. Sur un feu vif, faites bouillir de l'eau dans un faitout sur lequel vous pourrez déposer le panier vapeur. À ébullition, réduisez à feu moyen et posez le panier vapeur. Faites cuire 15 à 20 min.

9. Éteignez le feu, couvrez le plat de cuisson et laissez reposer 5 min avant de servir. Ainsi, vous éviterez que les baos rétrécissent.

Blizzaroi
Vichyssoise

D'un physique imposant et couvert de neige, Blizzaroi est capable de créer des blizzards. Mais par chance, si cela devait arriver, cela n'altèrerait en rien la saveur de votre vichyssoise car c'est une soupe qui se déguste froide.

Difficulté : ●●○○
Préparation : 30 min
Repos : 12 h
Cuisson : 30 min
Pour 4 à 6 parts
Notes diététiques : vegan

Ustensiles : grande cocotte, mixeur plongeant, passoire à tamis fin

3 cl d'huile de coco
285 g de poireaux nettoyés et coupés en rondelles
680 g de pommes de terre épluchées et coupées en morceaux
95 cl de bouillon de légumes
1 feuille de laurier
12 cl de crème de coco
Gros sel
Poivre blanc moulu
Ciboulette fraîche finement ciselée en garniture

1. Faites chauffer l'huile de coco à feu moyen-vif dans une grande cocotte. Laissez-la fondre, puis ajoutez les poireaux. Faites-les cuire jusqu'à ce qu'ils soient bien mous, soit environ 8 min.

2. Ajoutez les pommes de terre et remuez bien. Versez le bouillon de légumes et ajoutez la feuille de laurier. Portez à ébullition. Réduisez le feu à moyen-doux et laissez mijoter environ 30 min, jusqu'à ce que les pommes de terre soient bien tendres.

3. Enlevez la feuille de laurier. Passez tout le reste au mixeur plongeant jusqu'à ce que le résultat soit bien homogène. Versez cette préparation dans un récipient hermétique en la passant dans une passoire à tamis fin. Ajoutez la crème de coco et mélangez. Salez et poivrez à votre goût. Laissez refroidir complètement, couvrez et placez au réfrigérateur au moins 1 h avant de servir. Servez dans des bols et saupoudrez d'un peu de ciboulette ciselée.

Dimoret
Bâtonnets glacés

Tout comme les Dimoret qui aiment travailler en équipe, vous devrez rameuter vos amis pour finir ces glaces. Sinon, vous risquez de vous geler la langue !

Difficulté : ●○○○
Préparation : 30 min
Repos : 12 h
Pour 6 bâtonnets glacés
Notes diététiques : végétarien, sans gluten

Ustensiles : mixeur, moules à bâtonnets glacés

Pour la couche à la framboise
100 g de framboises congelées
18 cl de lait de coco
1 cuil. à soupe de sucre
½ cuil. à café d'extrait de vanille

Pour la couche au sésame noir
45 g de graines de sésame noir
90 g de chocolat noir
24 cl de lait de noix de coco
60 g de sucre
½ cuil. à café d'extrait d'amande
½ cuil. à café de gros sel

POUR LA COUCHE À LA FRAMBOISE

1. Passez tous les ingrédients au mixeur jusqu'à obtenir une préparation bien lisse.

2. Versez ce mélange dans les moules en ne dépassant pas le tiers de la hauteur. Ne mettez pas encore les bâtons et placez-les au congélateur 30 min.

POUR LA COUCHE AU SÉSAME NOIR

1. Préparez la couche au sésame noir : mixez les graines de sésame noir jusqu'à obtenir une pâte lisse. Passez une spatule sur les parois du bol du mixeur pour vous assurer que toutes les graines sont bien mixées.

2. Ajoutez le chocolat noir, le lait de coco, le sucre, l'extrait d'amande et le sel. Mixez jusqu'à ce que tous les ingrédients soient bien incorporés.

3. Versez ce mélange dans les moules, sur la couche à la framboise. Insérez les bâtons, couvrez et remettez au congélateur 1 nuit ou au minimum 12 h.

Momartik

Glace aux mûres

Momartik adore les aliments congelés, mais il sera inutile de faire refroidir davantage ce dessert glacé. Les mûres apportent à la fois une saveur et un aspect extraordinaires.

Difficulté : ●●○○
Préparation : 30 min
Repos : 12 h
Cuisson : 30 min
Pour 6 à 8 parts
Notes diététiques : végétarien

Ustensiles : casserole de taille moyenne, passoire à tamis fin, grand cul-de-poule, robot pâtissier avec fouet

Pour le coulis de mûres

400 g de mûres fraîches
2 cuil. à soupe de sucre
1 cuil. à café de gros sel
Le zeste et le jus de 1 citron

Pour la crème glacée à la vanille

400 g de lait concentré sucré
Les graines de 1 gousse de vanille
1 cuil. à soupe d'extrait de vanille
1 pincée de gros sel
47,5 cl de crème fraîche épaisse
Le coulis de mûres précédemment préparé

POUR LE COULIS DE MÛRES

1. Dans une casserole sur feu moyen-vif, portez tous les ingrédients à ébullition, en écrasant les mûres avec une fourchette. Réduisez le feu et laissez mijoter 20 min.

2. Sortez du feu et passez cette préparation dans la passoire pour en retirer les pépins. Laissez refroidir dans un récipient hermétique. Une fois que c'est fait, couvrez et réservez au réfrigérateur pour au moins 12 h.

Note : si vous aimez avoir des morceaux de fruit dans votre crème glacée, il est inutile de passer votre préparation à la passoire. De toute façon, ce sera délicieux.

POUR LA CRÈME GLACÉE

1. Fouettez ensemble le lait concentré sucré, les graines de vanille, l'extrait de vanille et le sel dans le grand cul-de-poule pour obtenir un résultat bien homogène.

2. Versez la crème fraîche dans le bol du robot pâtissier. Fouettez jusqu'à ce que la crème forme des pics moyennement fermes, soit 2 à 3 min. Transférez la crème dans le cul-de-poule. Mélangez délicatement afin de ne pas faire retomber la crème, jusqu'à obtenir un résultat homogène.

3. Transférez un tiers de cette préparation dans un récipient hermétique. Versez dessus la moitié du coulis de mûres et remuez délicatement à l'aide d'une fourchette pour créer des traces de coulis dans la glace. Ajoutez un autre tiers de la crème glacée. Versez le reste de coulis et finissez en ajoutant ce qu'il reste de crème glacée. Remuez encore une fois afin que le coulis fasse comme un tourbillon dans la glace. Couvrez et placez au congélateur au moins 5 h avant de servir.

Région d'Unys

Feuillajou, Flamajou et Flotajou

Mushana

Couverdure

Darumarond

Crabaraque

Limonde

Feuillajou, Flamajou et Flotajou

Chou-fleur braisé

Feuillajou, Flamajou et Flotajou possèdent leurs forces et leurs faiblesses, mais leur grand plaisir est d'aider les autres. Faites-vous plaisir vous aussi avec ces dips conçus d'après les talents uniques de ces Pokémon.

Difficulté : ●○○○
Préparation : 45 min
Cuisson : 20 min
Pour 4 parts
Notes diététiques : végétarien

Ustensiles : grand cul-de-poule, grande plaque à rôtir, papier d'aluminium, récipients hermétiques, mixer

Pour le chou-fleur braisé

2 choux-fleurs coupés en grosses fleurettes
6 cl d'huile d'olive
1 cuil. à café d'ail en poudre
Spray alimentaire antiadhésif
Gros sel
Poivre noir moulu

Pour la sauce buffalo

6 cl de sauce pimentée
1 cuil. à soupe de gochujang, sauce de piment amère
½ cuil. à soupe de sirop d'érable
55 g de beurre doux fondu
1 cuil. à soupe de vinaigre de riz
½ cuil. à café de poivre de Cayenne

Pour la trempette au bleu

85 g de fromage bleu
55 g de mayonnaise
3 cuil. à soupe de crème aigre
3 cuil. à soupe de babeurre
½ cuil. à soupe de jus de citron
1 goutte de colorant alimentaire bleu clair
Gros sel
Poivre noir moulu

Pour le chutney vert

½ botte de coriandre fraîche
1 piment serrano épépiné
3 gousses d'ail
1 morceau de 1 cm de gingembre frais
1 cuil. à café de sucre
½ cuil. à café de gros sel
Le jus de 1 citron vert
1,5 cuil. à soupe d'eau
1 cuil. à soupe de yaourt

POUR LE CHOU-FLEUR

1. Préchauffez le four à 220 °C (th. 7). Assemblez les fleurettes de chou-fleur, l'huile d'olive et l'ail dans un grand cul-de-poule. Mélangez bien.

2. Habillez une grande plaque à rôtir d'une feuille de papier d'aluminium et pulvérisez du spray alimentaire antiadhésif. Posez le chou-fleur dessus puis assaisonnez-le généreusement de sel et de poivre.

3. Enfournez et faites cuire 15 min. Remuez et remettez à cuire pour 10 min supplémentaires jusqu'à ce que le chou-fleur soit doré et tendre.

4. Laissez refroidir et servez avec les différentes sauces ci-dessous.

POUR LA SAUCE BUFFALO

Mélangez tous les ingrédients. Cette sauce peut être conservée jusqu'à 1 semaine dans un récipient hermétique.

POUR LA TREMPETTE AU BLEU

Mélangez tous les ingrédients. Assaisonnez de sel et de poivre. Cette sauce peut être conservée jusqu'à 1 semaine dans un récipient hermétique.

POUR LE CHUTNEY VERT

Passez tous les ingrédients au mixeur ensemble jusqu'à obtenir une préparation homogène. Si celle-ci est trop épaisse, ajoutez un peu d'eau pour la détendre. Le chutney peut être conservé jusqu'à 1 semaine au réfrigérateur dans un récipient hermétique.

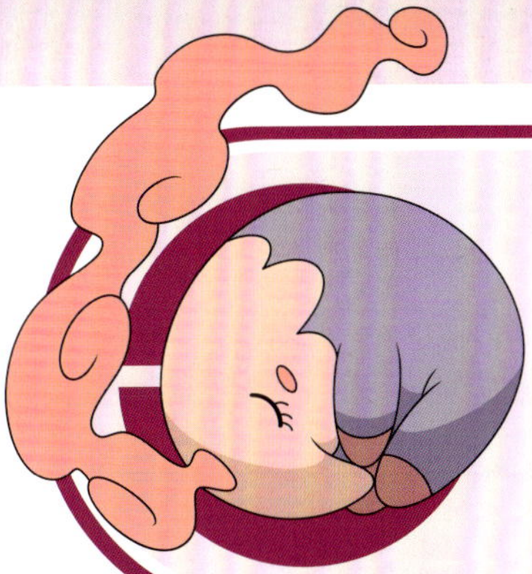

Mushana

Smoothie de taro à la fraise

Ce smoothie à la fraise et au taro présente de jolis tourbillons roses qui rappellent la brume sombre qui émane d'un Mushana. Cette boisson réjouira même les plus grognons.

Difficulté : ●●○○
Préparation : 30 min
Pour 2 verres
Notes diététiques : végétarien

Ustensiles : robot pâtissier avec fouet, mixeur, poche à pâtisserie

Pour la crème fouettée à la fraise

18 cl de crème fraîche épaisse
2 cuil. à soupe de sucre en poudre
2,5 cuil. à soupe de poudre de fraise
2 gouttes de colorant alimentaire rose

Pour la boisson au taro

60 cl de thé vert froid
65 g de poudre de taro
12 cl de lait de coco
2 cuil. à soupe de lait concentré sucré
10 glaçons

POUR LA CRÈME FOUETTÉE À LA FRAISE

Réunissez tous les ingrédients dans le bol du robot pâtissier. Fouettez à vitesse moyenne jusqu'à ce que la crème forme des pics fermes, soit 3 à 5 min. Transférez cette préparation dans une poche à pâtisserie et conservez-la au réfrigérateur jusqu'au moment de son utilisation.

POUR LA BOISSON AU TARO

1. Mélangez le thé vert, le taro en poudre, le lait de coco et le lait concentré sucré au mixeur.

2. Ajoutez les glaçons et mixez à nouveau jusqu'à concasser les glaçons. Versez dans deux verres et surmontez de crème fouettée.

Couverdure

Wraps laitue-tofu

Au moment de déguster ces wraps, imaginez un Couverdure qui se couvre de feuilles d'arbre pour se protéger du froid. Si vous le voulez, vous pourrez les déguster douillettement enroulé dans une couverture...

Difficulté : ●○○○
Préparation : 30 min
Repos : 4 h
Cuisson : 30 min
Pour 2 à 3 parts
Notes diététiques : végétarien

Ustensiles : récipient hermétique, planche à découper, couteau, épluche-légumes, râpe à fromage, petit cul-de-poule, grande poêle antiadhésive

Pour les carottes et le daïkon en saumure

2 cl de vinaigre de riz
50 cl d'eau tiède
50 g de sucre
2 cuil. à soupe de gros sel
2 carottes taillées en julienne
1 petit daïkon taillé en julienne

Pour les wraps de laitue

400 g de tofu bien ferme
6 cl de sauce soja
2 cuil. à soupe de sauce hoisin
1 cuil. à soupe de vinaigre de riz
2 cuil. à café de miel
1 cuil. à café d'huile de sésame
1 cuil. à café de curcuma
½ cuil. à café de gingembre en poudre
½ cuil. à café de mélange 5 épices chinois
2 cuil. à café d'huile de colza
8 chapeaux de champignons shiitake hachés
230 g de châtaignes d'eau
6 gousses d'ail hachées
1 cuil. à soupe de gingembre râpé
2 cives émincées
1 laitue

POUR LES CAROTTES ET LE DAÏKON EN SAUMURE

1. Mélangez le vinaigre de riz, l'eau tiède, le sucre et le sel dans un grand récipient hermétique. Ajoutez les carottes et le daïkon. Si les légumes ne sont pas totalement recouverts, ajoutez du vinaigre de riz.

2. Couvrez et mettez au réfrigérateur au moins 4 h. Plus les légumes macèrent, plus ils auront de saveur. Vous pouvez les conserver au réfrigérateur jusqu'à 2 semaines.

POUR LES WRAPS DE LAITUE

1. Enveloppez le tofu dans du papier absorbant. Placez-le entre deux assiettes et posez un objet lourd dessus. Laissez reposer 5 min pour extraire le liquide du tofu.

2. Mélangez la sauce soja, la sauce hoisin, le vinaigre de riz, le miel, l'huile de sésame, le curcuma, le gingembre en poudre et le mélange 5 épices chinois dans le petit cul-de-poule. Réservez.

3. Faites chauffer 1 cuil. à café d'huile de colza dans la poêle à feu moyen-vif. Ajoutez le tofu et faites-le dorer sur toutes ses faces, soit environ 5 min. Réservez sur une assiette.

4. Versez le reste de l'huile de colza dans la poêle. Ajoutez les champignons shiitake et les châtaignes d'eau. Faites-les revenir 3 min, jusqu'à ce que les champignons soient tendres. Ajoutez l'ail, le gingembre frais et les cives. Faites cuire encore 2 min pour que l'ail parfume les légumes.

5. Ajoutez le tofu et le mélange de sauces. Mélangez afin que le tofu soit bien enrobé. Laissez cuire jusqu'à ce que le liquide ait réduit de moitié, soit entre 5 et 8 min. Sortez la poêle du feu et versez la préparation dans un plat de service.

6. Pour servir, enveloppez d'une feuille de laitue des légumes marinés et un peu de mélange au tofu.

Darumarond

Soupe à la tomate

Dégustez cette soupe quand elle est bien chaude et délicieuse. Elle vous réchauffera l'estomac, comme celui de Darumarond. Attention, toutefois ! Si vous en mangez trop, vous pourriez avoir envie de faire une de ces siestes dont Darumarond est un expert.

Difficulté : ●●○○
Préparation 30 min
Cuisson : 1 h 30
Pour 4 parts
Notes diététiques : végétarien

Ustensiles : couteau, planche à découper, grand cul-de-poule, grande plaque à rôtir, papier sulfurisé, cocotte de taille moyenne, mixeur plongeant

Pour les croûtons au fromage

1 baguette coupée en cubes de 2,5 cm de côté
12 cl d'huile d'olive
1 cuil. à café d'ail semoule
½ cuil. à café de gros sel
145 g de fromage râpé (cheddar, emmental, comté ou gruyère)

Pour la soupe à la tomate

3 cuil. à soupe d'huile d'olive + un peu pour la cuisson
Gros sel
Poivre noir moulu
1,5 kg de tomates coupées en quartiers
18 gousses d'ail épluchées et hachées
½ cuil. à café de flocons de piment rouge
1 cuil. à soupe de poudre d'oignon
50 cl de bouillon de légumes

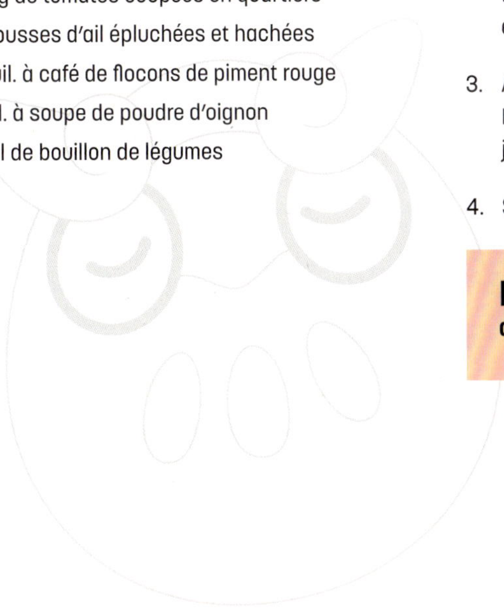

POUR LES CROÛTONS AU FROMAGE

1. Préchauffez le four à 180 °C (th. 6). Mélangez les cubes de pain, l'huile d'olive, l'ail semoule et le gros sel dans le grand cul-de-poule jusqu'à ce que le pain soit bien enrobé. Étalez les cubes de pain sur une plaque à pâtisserie recouverte d'une feuille de papier sulfurisé. Veillez à ce que les croûtons soient assez étalés pour ne former qu'une seule couche. Saupoudrez de fromage râpé.

2. Enfournez 10 min. Sortez la plaque pour remuer son contenu et remettez à cuire pour 5 à 10 min ou jusqu'à ce que les croûtons soient bien dorés. Sortez et laissez refroidir.

3. Les croûtons peuvent être conservés dans un récipient hermétique jusqu'à 1 semaine à température ambiante

POUR LA SOUPE À LA TOMATE

1. Préchauffez le four à 205 °C (th. 6-7). Dans le grand cul-de-poule, mélangez l'huile d'olive, le sel et le poivre. Ajoutez les tomates et remuez pour bien les enrober. Versez les tomates dans une grande plaque à rôtir et enfournez 45 min jusqu'à ce qu'elles soient tendres et un peu noircies par endroits.

2. Posez la cocotte sur feu moyen et graissez-la avec un peu d'huile d'olive. Ajoutez l'ail et faites-le dorer sans le brûler pendant 8 à 10 min. Ajoutez les flocons de piment rouge et la poudre d'oignon. Laissez cuire encore 3 min pour exhaler les arômes.

3. Ajoutez les tomates rôties et le bouillon de légumes au contenu de la cocotte. Portez à ébullition, puis sortez du feu. Mixez à l'aide d'un mixeur plongeant jusqu'à obtenir un résultat homogène. Remettez la soupe à chauffer à feu doux.

4. Servez dans 4 bols avec les croûtons en accompagnement.

Note : placez quelques croûtons dans la soupe, en les laissant absorber le liquide, et servez les autres à côté.

Crabaraque
Parfaits

Ces parfaits rappellent par leur apparence les rochers que les Crabaraque transportent partout. L'ordre des couches est votre affaire, donc faites selon votre goût, mais n'oubliez pas qu'un parfait est fait pour être mangé, pas porté.

Difficulté : ●●○○
Préparation : 1 h
Repos : 4 h
Cuisson : 30 min
Pour 4 parfaits et quelques cookies supplémentaires
Notes diététiques : végétarien

Ustensiles : petit cul-de-poule, robot pâtissier avec une feuille de pétrissage, grande plaque à pâtisserie, papier sulfurisé, spatule, cul-de-poule de taille moyenne, casserole de taille moyenne, fouet

Pour les cookies au beurre de cacahuète

155 g de farine
1 cuil. à café de levure chimique
½ cuil. à café de gros sel
240 g de beurre de cacahuète lisse
110 g de beurre doux à température ambiante
2 cuil. à soupe de miel
65 g de cassonade
75 g de sucre en poudre
1 œuf à température ambiante
140 g de pastilles de décoration au beurre de cacahuète

Pour les cookies au chocolat

190 g de farine
30 g de cacao en poudre
1 cuil. à café de levure chimique
½ cuil. à café de gros sel
110 g de beurre doux à température ambiante
65 g de sucre
75 g de sucre roux
1 cuil. à café d'extrait de vanille
1 œuf à température ambiante
140 g de pastilles de décoration au chocolat noir

Pour le pudding au chocolat

2 jaunes d'œufs
100 g de sucre
2 cuil. à soupe de fécule de maïs
50 cl de lait
1 cuil. à soupe de cacao en poudre
¼ de cuil. à café de gros sel
140 g de chocolat au lait fondu
1 cuil. à soupe d'extrait de vanille
30 g de beurre doux en deux morceaux

POUR LES COOKIES AU BEURRE DE CACAHUÈTE

1. Préchauffez le four à 180 °C (th. 6). Mélangez la farine, la levure et le sel dans le petit cul-de-poule. Réservez. Mettez le beurre de cacahuète, le beurre et le miel dans le bol du robot pâtisser. Mélangez jusqu'à obtenir un résultat homogène.
2. Incorporez la cassonade et le sucre en mélangeant. Ajoutez l'œuf et mélangez jusqu'à l'homogénéité, puis ajoutez la farine et mélangez. Incorporez les pastilles de décoration.
3. Recouvrez la grande plaque à pâtisserie d'une feuille de papier sulfurisé. Prélevez 1 cuil. à soupe (soit env. 25 g) de pâte, posez-la sur la plaque et appuyez avec la cuillère pour lui donner la forme d'un cookie. Renouvelez l'opération avec le reste de pâte. Enfournez 10 à 13 min ou jusqu'à ce que vos cookies soient dorés.

POUR LES COOKIES AU CHOCOLAT

1. Préchauffez le four à 180 °C (th. 6). Mélangez la farine, le cacao en poudre, la levure et le sel dans le petit cul-de-poule. Réservez. Mettez le beurre dans le bol d'un robot pâtissier et mélangez jusqu'à ce que le résultat soit homogène.
2. Ajoutez les sucres et battez jusqu'à ce qu'ils soient incorporés. Ajoutez l'extrait de vanille et l'œuf, puis mélangez jusqu'à ce que l'ensemble soit homogène. Ajoutez le mélange de farine et mélangez, puis incorporez les pastilles au chocolat noir.
3. Recouvrez la plaque à pâtisserie de papier sulfurisé. Déposez 1 cuil. à soupe de pâte sur la plaque et formez un cookie. Renouvelez l'opération avec le reste de pâte. Enfournez 14 à 16 min ou jusqu'à ce que le centre de vos cookies soit ferme.

POUR LE PUDDING AU CHOCOLAT

1. Mélangez les jaunes d'œufs, 50 g de sucre et la fécule de maïs dans le cul-de-poule de taille moyenne. Incorporez 25 cl de lait au fouet et mettez de côté cette préparation. Fouettez ensemble dans une casserole de taille moyenne le lait et le sucre restants, la poudre de cacao et le sel. Posez la casserole sur feu moyen. Faites chauffer et baissez le feu dès que la préparation frémit.
2. Versez 1 tiers du mélange au cacao dans le cul-de-poule contenant les jaunes d'œufs. Fouettez immédiatement pour éviter que les jaunes d'œufs cuisent. Ajoutez à nouveau 1 tiers du mélange, fouettez, puis incorporez le reste du mélange au cacao.
3. Versez ce mélange dans la casserole en fouettant jusqu'à épaississement.

> **Note : cette étape devrait prendre entre 5 et 10 min. Vous allez vous muscler et deviendrez peut-être aussi puissant que Crabaraque.**

4. Une fois que la base est bien épaisse, sortez la casserole du feu. Incorporez le chocolat fondu, ainsi que l'extrait de vanille et le beurre. Placez votre pudding dans un récipient hermétique et laissez-le refroidir. Une fois que c'est fait, placez-le au réfrigérateur 4 h avant de préparer les parfaits.
5. Pour cela, prenez le grand cul-de-poule et créez une couche de cookies au chocolat au fond. Appuyez afin qu'elle soit régulière. Déposez dessus une portion du pudding. Continuez avec une couche de cookies au beurre de cacahuètes émiettés. Ajoutez une couche de pudding. Déposez ensuite une couche de cookies émiettés, au chocolat ou au beurre de cacahuètes, selon votre goût.

Limonde

Pains plats

Aucun autre aliment ne peut mieux représenter l'apparence plate d'un Limonde qu'un pain plat. Avec les différentes recettes qui suivent, vous pourrez recréer votre Limonde préféré.

Difficulté : ●●○○
Préparation : 1 h
Repos : 2 h
Cuisson : 30 min
Pour 10 pains
Notes diététiques : végétarien

Ustensiles : hachoir électrique, robot pâtissier avec crochet pétrisseur, cul-de-poule de taille moyenne, rouleau à pâtisserie, poêlon de taille moyenne

Pour le houmous au sésame noir

440 g de pois chiches en conserve égouttés et rincés
40 g de miso shiro
45 g de graines de sésame noir
1 cuil. à soupe de miel
2 gousses d'ail
2 cuil. à soupe de jus de citron
2 cuil. à soupe d'eau
1 cuil. à soupe d'huile d'olive

Pour le pain plat sucré

18 cl d'eau tiède
½ cuil. à café d'extrait de vanille
1 cuil. à soupe d'huile d'olive
2 cuil. à soupe de sucre
1 cuil. à café de levure du boulanger
325 g de farine
1 cuil. à café de cardamome en poudre
½ cuil. à café de gros sel
Pâte à tartiner à la noisette
Des rondelles de bananes

Pour le pain plat salé

30 g de graines de sésame noir
1 cuil. à soupe de miel
18 cl d'eau tiède
1 cuil. à soupe d'huile d'olive
2 cuil. à soupe de sucre
1 cuil. à café de levure du boulanger
325 g de farine
1 cuil. à café de gros sel
Du houmous au sésame noir précédemment préparé
De la mozzarella fraîche
De la roquette
Des tomates cerise
Du vinaigre balsamique

POUR LE HOUMOUS AU SÉSAME NOIR

Mettez tous les ingrédients dans un hachoir électrique. Hachez le tout jusqu'à ce que le résultat soit homogène. Si cette préparation est trop épaisse, détendez-la en ajoutant 1 cuil. à café d'eau à la fois. Transférez-la dans un récipient hermétique et réservez au réfrigérateur. Ce houmous se conserve jusqu'à 1 semaine.

POUR LE PAIN PLAT SUCRÉ

1. Mélangez l'eau, l'extrait de vanille, l'huile d'olive, le sucre et la levure dans le bol du robot pâtissier. Fouettez un peu, puis laissez reposer 10 min afin de permettre à la levure de s'activer. Mélangez la farine, la cardamome et le sel dans le cul-de-poule de taille moyenne.

2. Versez un tiers du mélange à la farine dans le bol du robot. Mélangez à petite vitesse jusqu'à ce que la pâte commence à se former. Incorporez alors un autre tiers de la farine en n'arrêtant pas la machine, puis répétez l'opération avec le dernier tiers et pétrissez jusqu'à ce que la pâte soit lisse et souple. Si elle est trop collante, incorporez de la farine à raison de 1 cuil. à soupe à la fois. Pétrissez la pâte encore 5 min.

3. Transférez ensuite votre boule de pâte dans un cul-de-poule huilé puis remuez-la afin qu'elle soit totalement recouverte d'huile. Couvrez le cul-de-poule d'un papier film et laissez la pâte reposer jusqu'à ce que son volume ait doublé, soit environ 2 h.

4. Farinez légèrement un plan de travail et placez-y la pâte. Aplatissez-la légèrement et divisez-la en 5 portions égales. Roulez-les entre vos mains pour faire des boules. Couvrez-les avec un torchon propre et laissez-les reposer 30 min.

5. Sur un plan de travail légèrement fariné, prenez une boule de pâte et aplatissez-la avec les mains. Prenez un rouleau à pâtisserie et abaissez la pâte pour lui donner la forme d'un Limonde d'environ 23 cm de long (il faudra que cela rentre dans la poêle).

6. Posez la grande poêle sur feu moyen-vif et laissez-la bien chauffer. Prenez une des abaisses de pâte et posez-la dans la poêle. Faites-la cuire jusqu'à ce que les bords commencent à dorer, soit 2 à 3 min. Retournez-la et faites cuire de l'autre côté environ 2 min. Déposez votre pain sur une assiette, couvrez-le d'un torchon propre. Répétez l'opération avec les autres abaisses de pâte. Laissez vos pains refroidir. Pour les conserver, placez-les dans un sac plastique qui peut être refermé. Ainsi, ils resteront frais jusqu'à 4 jours.

La suite page suivante

7. Pour finaliser la recette avant de servir, alors que le pain est encore tiède, étalez dessus une généreuse couche de pâte à tartiner aux noisettes et terminez en ajoutant quelques rondelles de bananes.

POUR LE PAIN PLAT SALÉ

1. Mettez les graines de sésame noir dans un mixeur et hachez-les. Ajoutez le miel et mélangez jusqu'à obtenir une pâte lisse.

2. Mélangez le sésame noir, l'eau, l'huile d'olive, le sucre et la levure dans le bol du robot pâtissier. Fouettez un peu, puis laissez reposer 10 min afin de permettre à la levure de s'activer. Mélangez la farine et le sel dans le cul-de-poule de taille moyenne.

3. Versez un tiers du mélange à la farine dans le bol du robot. Mélangez à petite vitesse jusqu'à ce que la pâte commence à lier. Incorporez alors un autre tiers de la farine en n'arrêtant pas la machine, puis répétez l'opération avec le dernier tiers et pétrissez jusqu'à ce que la pâte soit lisse et souple. Si elle est trop collante, incorporez de la farine à raison de 1 cuil. à soupe à la fois. Pétrissez la pâte encore 5 min.

4. Transférez ensuite votre boule de pâte dans un cul-de-poule huilé puis remuez-la afin qu'elle soit totalement recouverte d'huile. Couvrez le cul-de-poule d'un film plastique et laissez la pâte reposer jusqu'à ce que son volume ait doublé, soit environ 2 h.

5. Farinez légèrement un plan de travail et placez-y la pâte. Aplatissez-la légèrement et divisez-la en 5 portions égales. Roulez-les entre vos mains pour faire des boules. Couvrez-les avec un torchon propre et laissez-les reposer 30 min.

6. Sur un plan de travail légèrement fariné, prenez une boule de pâte et aplatissez-la avec les mains. Prenez un rouleau à pâtisserie et abaissez la pâte pour lui donner la forme d'un Limonde d'environ 23 cm de long (il faudra que cela rentre dans la poêle).

7. Posez la grande poêle sur feu moyen-vif et laissez-la bien chauffer. Prenez une des abaisses de pâte et posez-la dans la poêle. Faites-la cuire jusqu'à ce que les bords commencent à dorer, soit 2 à 3 min. Retournez-la et faites cuire de l'autre côté environ 2 min. Déposez votre pain sur une assiette, couvrez-le d'un torchon propre. Répétez l'opération avec les autres abaisses de pâte. Laissez vos pains refroidir. Pour les conserver, placez-les dans un sac plastique qui peut être ouvert et fermé. Ainsi, ils resteront frais jusqu'à 4 jours.

8. Pour finaliser la recette avant de servir, quand le pain est encore tiède, étalez dessus une généreuse couche de houmous au sésame noir. Surmontez de mozzarella fraîche, de roquette, de tomates cerise et relevez l'ensemble d'un trait de vinaigre balsamique.

Région de Kalos

Némélios

Chevroum

Pandespiègle

Nymphali

Dedenne

Colimucus

Némélios

Bruschettas

Le souffle ardent de Némélios peut atteindre les 6 000 °C, mais vous n'aurez nul besoin d'une telle température pour préparer ces bruschettas. Un simple four fera parfaitement l'affaire.

Difficulté : ●○○○
Préparation : 30 min
Cuisson : 1 h
Pour 15 à 20 bruschettas
Notes diététiques : végétarien

Ustensiles : couteau, planche à découper, grande plaque à pâtisserie, petite poêle antiadhésive, cul-de-poule de taille moyenne

2 poivrons jaunes coupés en deux et épépinés
Gros sel
Poivre noir moulu
1 cuil. à soupe d'huile d'olive et quelques gouttes pour les poivrons et le pain
5 gousses d'ail hachées
330 g de concassé de tomates
4 à 6 piments de Calabre émincés
5 g de basilic frais ciselé
1 cuil. à café de vinaigre balsamique
1 baguette découpée en rondelles de 2 cm d'épaisseur environ

1. Préchauffez le four à 230 °C (th. 7-8). Disposez les demi-poivrons sur la plaque à pâtisserie, peau vers le haut. Badigeonnez-les d'un peu d'huile d'olive et assaisonnez-les de sel et de poivre. Faites-les cuire au four 30 à 40 min, jusqu'à ce qu'ils soient tendres et que la peau ait noirci. Sortez la plaque du four et laissez refroidir les poivrons.
2. Enlevez la peau des poivrons et jetez-la. Coupez les poivrons en tranches fines et réservez. Baissez la température du four à 205 °C (th. 6-7).
3. Faites chauffer la poêle sur feu moyen-vif. Ajoutez ½ cuil. à soupe d'huile d'olive et l'ail. Faites-le dorer 3 à 5 min, sans le laisser brûler. Réservez ensuite dans un cul-de-poule. Ajoutez le concassé de tomates, les piments, le basilic, le reste de l'huile d'olive et le vinaigre balsamique. Assaisonnez de sel et de poivre.
4. Disposez les tranches de baguette sur la plaque à pâtisserie et enfournez 4 min. Sortez la plaque, retournez les tranches de pain et remettez à cuire 4 min ou jusqu'à ce qu'elles soient dorées. Après la cuisson, badigeonnez chaque tranche d'un peu d'huile d'olive, ajoutez un peu de la préparation à la tomate et finissez en déposant un morceau de poivron.

Chevroum

Burritos du petit déjeuner

Les Chevroum sont d'infatigables travailleurs qui arpentent les sentiers montagneux au sein de leur troupeau ou avec leur cavalier. Si vous envisagez une excursion, un petit déjeuner copieux comme ces burritos vous donnera toute l'énergie pour mener à bien ce projet.

Difficulté : ●●○○
Préparation : 30 min
Cuisson : 30 min
Pour 4 parts
Notes diététiques : végétarien, sans lactose

Ustensiles : épluche-légumes, râpe, planche à découper, cul-de-poule de taille moyenne, 2 poêles antiadhésives de taille moyenne

Pour les galettes de pommes de terre

1 grosse pomme de terre de type Russet (ou Bintje) râpée
1 cuil. à soupe d'ail semoule
2 cuil. à café d'oignon semoule
1 cuil. à soupe d'huile d'olive
Gros sel
Poivre noir moulu

Pour les burritos

2 cuil. à café d'huile de colza
8 petits champignons de Paris émincés
170 g d'épinards
4 œufs
4 tortillas de maïs d'environ 20 cm de diamètre
230 g de *frijoles refritos* (purée de haricots rouges) réchauffés
1 avocat en tranches
De la coriandre fraîche ciselée

POUR LES GALETTES DE POMME DE TERRE

1. Mélangez la pomme de terre râpée, l'ail et l'oignon semoule dans le cul-de-poule. Faites chauffer une poêle sur feu moyen-vif. Ajoutez la pomme de terre râpée. Assaisonnez-la généreusement de sel et de poivre. Faites cuire entre 5 à 8 min, jusqu'à ce que le dessous soit doré.

2. Retournez délicatement la galette. Assaisonnez à nouveau à votre goût. Faites cuire environ 5 min, jusqu'à ce que l'autre face soit complètement dorée. Partagez en 4 et réservez.

POUR LES BURRITOS

1. Faites chauffer 1 cuil. à café d'huile de colza dans une poêle à feu moyen. Ajoutez les champignons et faites-les cuire jusqu'à ce qu'ils soient dorés, soit entre 10 et 15 min. Sortez les champignons de la poêle et réservez. Remettez la poêle sur le feu, jetez-y les épinards et faites-les cuire 1 min.

2. Cassez les œufs dans un cul-de-poule et mélangez-les. Mettez une poêle à chauffer à feu moyen. Ajoutez 1 cuil. à soupe d'huile de colza. Faites cuire les œufs 2 à 3 min en remuant. Partagez en 4 et réservez.

3. Faites chauffer les tortillas et préparez-vous à confectionner les burritos. Dans une tortilla, déposez une couche de purée de haricots réchauffée. Ajoutez quelques champignons, les œufs brouillés, 1 morceau de galette de pomme de terre, des tranches d'avocat et de la coriandre ciselée, puis roulez le burrito. Faites chauffer une poêle sur feu moyen-vif. Déposez-y le burrito, jointure contre la poêle, et faites-le dorer 2 min avant de le retourner pour 2 min supplémentaires de cuisson. Recommencez cette étape pour les 3 autres tortillas.

Note : il existe beaucoup de légumes qui s'accorderaient parfaitement avec ces burritos. N'hésitez pas à utiliser vos préférés !

Pandespiègle
Riz garni

Pandespiègle donne l'impression d'être constamment en train de fixer les autres du regard, mais, parfois, il sait se défaire de son côté dur-à-cuire pour sourire. Pour décorer ces bols de riz, tâchez d'imiter Pandespiègle au mieux.

Difficulté : ●●○○
Préparation : 30 min
Repos : 10 min
Cuisson : 20 min
Pour 4 parts
Notes diététiques : végétarien

Ustensiles : planche à découper, grande poêle antiadhésive, petit cul-de-poule

Pour la sauce

6 cl d'eau
1 cuil. à café de fécule de pomme de terre
2 cuil. à soupe de sauce soja
1 cuil. à café de vinaigre blanc
1 cuil. à café d'huile de sésame
2 cuil. à soupe de sirop d'érable

Pour le riz garni

455 g de tofu bien ferme
2 cuil. à café d'huile de colza
6 champignons shiitake émincés
230 g de haricots verts
1 aubergine taillée en cubes de 1 cm de côté
170 g de broccolini coupé en morceaux d'environ 1 cm de côté
230 g de germes de soja
Gros sel
Poivre
425 g de riz cuit
2 feuilles de nori
4 feuilles de basilic thaï

POUR LA SAUCE

Mélangez les ingrédients dans le petit cul-de-poule et réservez.

POUR LE BOL DE RIZ

1. Placez le tofu entre deux assiettes et posez un poids (une boîte de conserve pleine, par exemple) sur celle du dessus pour extraire l'eau du tofu. Laissez agir 10 min.

2. Mettez 1 cuil. à café d'huile de colza à chauffer dans la poêle. Faites cuire le tofu 5 à 8 min, jusqu'à ce que toutes les faces soient dorées. Sortez-le du feu et réservez sur une assiette.

3. Versez le restant d'huile de colza dans la poêle. Ajoutez les champignons, les haricots verts, l'aubergine et les broccolinis. Faites cuire les légumes 5 à 8 min, jusqu'à ce qu'ils soient tendres. Ajoutez le tofu et faites sauter pour mélanger le tout.

4. Ajoutez la sauce et remuez pour bien enrober tout le contenu de la poêle. Faites cuire jusqu'à ce que la sauce ait réduit de moitié et ait épaissi. Ajoutez les germes de soja et faites cuire 2 min supplémentaires. Assaisonnez de sel et de poivre. Sortez la poêle du feu et réservez jusqu'au service.

5. Préparez le riz cuit en lui donnant la forme du visage de Pandespiègle en vous servant des feuilles de nori pour en faire les détails. Pour finir, servez-vous d'une feuille de basilic pour figurer celle que Pandespiègle a dans la bouche. Servez la portion de riz avec les légumes poêlés.

Nymphali

Shortcakes aux fraises

Nymphali peut mettre un terme à tout conflit, car il génère des ondes anti-hostilité qui calment tous ceux qui l'entourent. Mais s'il n'est pas disponible quand vous avez des problèmes, comptez sur ces petits gâteaux pour réconforter tout le monde.

Difficulté : ●●○○
Préparation : 30 min
Repos : 1 h
Cuisson : 30 min
Pour 12 shortcakes
Notes diététiques : végétarien

Ustensiles : cul-de-poule de taille moyenne, grande plaque à pâtisserie, papier sulfurisé, robot pâtissier avec fouet, petit cul-de-poule, grille à pâtisserie, rouleau à pâtisserie

Pour les biscuits

465 g de farine
2 cuil. à soupe de sucre
1 cuil. à soupe de levure chimique
2 cuil. à café de gros sel
225 g de beurre en petits cubes et refroidi au congélateur au moins 20 min
30 cl de lait froid mélangé à 1 cuil. à soupe de jus de citron
30 g de beurre doux fondu
Sucre cristallisé pour la finition

Pour la crème fouettée à la menthe

35 cl de crème fraîche épaisse
1 cuil. à soupe de sucre glace
½ cuil. à café d'extrait de menthe poivrée
1 pincée de gros sel
3 gouttes de colorant alimentaire bleu clair

Pour les fraises sucrées

500 g de fraises fraîches
2 cuil. à soupe de sucre en poudre

Pour le montage

Pistoles de chocolat rose (facultatif)

POUR LES BISCUITS

1. Mélangez la farine, le sucre, la levure chimique et le sel dans le cul-de-poule de taille moyenne. Ajoutez le beurre en cubes et incorporez-le à la main jusqu'à obtenir un sable grossier. Laissez reposer 15 min au réfrigérateur.

2. Sortez la préparation du réfrigérateur, ajoutez le lait citronné et mélangez jusqu'à ce que la pâte commence à se lier. Transférez-la sur un plan de travail fariné et pétrissez jusqu'à ce qu'elle soit complètement lisse. Avec un rouleau à pâtisserie, abaissez-la pour obtenir un rectangle de 2,5 cm de haut. Pliez vers vous le tiers du pâton le plus éloigné, puis repliez le tiers devant vous sur celui que vous venez de rabattre. Abaissez à nouveau le pâton et pliez-le à nouveau. Abaissez le pâton une troisième fois et coupez-le en 12 morceaux triangulaires.

3. Préchauffez le four à 220 °C (th. 7-8). Disposez vos triangles de pâte sur une grande plaque à pâtisserie et placez-la au congélateur 20 min. Sortez-la et badigeonnez les biscuits de beurre fondu avant de les saupoudrer de sucre cristallisé. Mettez la plaque au four pour 15 à 20 min de cuisson, jusqu'à ce que les biscuits soient dorés. À l'issue de la cuisson, transférez-les sur une grille pour refroidir.

POUR LA CRÈME À LA MENTHE

1. Mettez la crème, le sucre glace, l'extrait de menthe et le sel dans le bol du robot pâtissier. Fouettez à vitesse moyenne jusqu'à ce que la crème forme des piques fermes, soit entre 3 et 5 minutes.

2. Divisez la crème en deux parts égales et ajoutez le colorant bleu dans l'une d'elles. Mettez le tout au réfrigérateur jusqu'à utilisation.

POUR LES FRAISES

Coupez les fraises en tranches et mélangez-les avec le sucre dans le petit cul-de-poule. Laissez reposer 30 min.

POUR LE MONTAGE

Pour confectionner un shortcake, coupez un biscuit en deux dans l'épaisseur et placez la base dans une assiette. Déposez de la crème fouettée bleue dessus. Surmontez-la d'une généreuse portion de fraises. Recouvrez-les de crème fouettée blanche et posez l'autre moitié du biscuit dessus. Décorez de chocolat rose fondu, de touches de crème fouettée et de fraises.

Dedenne
Ramen

Dedenne ne parvient pas à générer beaucoup d'électricité, mais il sait toujours où aller pour se recharger en énergie en vue de son prochain combat. Ce ramen est justement une bonne source d'énergie !

Difficulté : ●●●○
Préparation 30 min
Repos : 24 h
Cuisson : 40 min
Pour 4 à 6 personnes
Notes diététiques : végétarien

Ustensiles : cocotte de taille moyenne, cul-de-poule de taille moyenne, petite poêle antiadhésive, petit cul-de-poule, grande cocotte

Pour les ajitsuke tamago (œufs à ramen)

4 œufs
12 cl de sauce soja
60 g de sucre
6 cl d'eau
2 cuil. à soupe de sauce d'huître végétarienne

Pour le bouillon au curry

40 g de farine
1,5 cuil. à soupe de garam masala en poudre
1,5 cuil. à soupe de curcuma en poudre
1 cuil. à café de fenouil en poudre
1 cuil. à café de graines de fenugrec en poudre
½ cuil. à café de cannelle en poudre
½ cuil. à café de poivre de Cayenne
70 g de beurre doux
3 cuil. à soupe de concentré de tomates
2 cuil. à café de sauce tonkatsu
1 cuil. à soupe de miel
1 cuil. à soupe d'huile de colza
½ oignon rouge émincé
5 champignons shiitake finement ciselés
1,2 l de bouillon de légumes
2 pommes de terre de type Yukon Gold épluchées et taillées en cubes de 1 cm de côté
2 carottes épluchées et taillées en cubes de 1 cm de côté
6 cl de sauce soja

Pour servir

1 portion de nouilles à ramen
2 morceaux de tofu aburaage (poches de tofu frit)
1 cive émincée
Feuille de nori pour la garniture

POUR LES AJITSUKE TAMAGO

1. La veille, faites bouillir de l'eau dans une cocotte de taille moyenne. Déposez-y délicatement les œufs, couvrez et laissez cuire 6 min 30. Pendant ce temps, préparez un grand saladier d'eau froide avec des glaçons. Transférez les œufs directement dans le saladier à l'aide d'une écumoire. Laissez refroidir 5 min, puis écalez les œufs avec précaution.

2. Mélangez la sauce soja, le sucre, l'eau et la sauce d'huître dans un sac pouvant être refermé. Ajoutez les œufs. Fermez le sac et assurez-vous que les œufs trempent bien dans le liquide. Mettez-les au réfrigérateur et laissez-les mariner au moins 24 h. Les œufs peuvent être gardés au réfrigérateur jusqu'à 3 jours.

POUR LE BOUILLON AU CURRY

1. Préparez le bouillon de légumes : mélangez la farine, le garam masala, le curcuma, le fenouil, le fenugrec, la cannelle et le poivre de Cayenne dans le petit cul-de-poule. Faites fondre le beurre dans une poêle antiadhésive à feu moyen-vif. Ajoutez le mélange de farine et d'épices au beurre fondu.

2. Mélangez jusqu'à ce que la farine ait absorbé le beurre. Ajoutez le concentré de tomates, la sauce tonkatsu et le miel. Quand tout est bien mélangé, arrêtez le feu et réservez ce roux.

3. Dans la grande cocotte, faites chauffer l'huile de colza sur feu moyen-vif. Ajoutez les oignons et les champignons shiitake. Faites-les cuire environ 5 min, jusqu'à ce qu'ils soient tendres.

4. Ajoutez le bouillon de légumes, les pommes de terre et les carottes. Portez le bouillon à ébullition, puis réduisez le feu pour que le liquide frémisse. Laissez le couvercle légèrement ouvert et laissez mijoter 20 min.

5. Prélevez une petite partie du roux avec une louche. Plongez-la dans le bouillon et incorporez lentement le roux. Recommencez petit à petit jusqu'à ce que le roux soit totalement incorporé au bouillon, puis laissez mijoter 5 min.

6. Pour servir les bols de ramen, disposez dans les bols une portion de nouilles à ramen, mouillez-les avec le bouillon sans oublier les pommes de terre et les carottes. Coupez ensuite le tofu frit pour lui donner la forme de Dedenne, ajoutez les œufs à ramen coupés en deux pour les oreilles et de la cive.

Note : pour parfaire l'apparence de Dedenne, coupez la feuille de nori pour faire des yeux et des moustaches, et mouillez ces morceaux au bouillon. Disposez ces éléments sur le tofu frit, ainsi que 2 rondelles de carotte pour les joues.

Colimucus

Soupe de chou-fleur violette

Colimucus n'est pas très fort et il faut le manipuler avec grande précaution. Il en va de même avec la préparation de cette soupe au chou-fleur et à la pomme de terre qui saura satisfaire votre appétit.

Difficulté : ●●○○
Préparation : 30 min
Cuisson : 1 h 30
Pour 4 à 6 parts
Notes diététiques : végétarien

Ustensiles : 2 grandes plaques à pâtisserie, papier d'aluminium, 2 culs-de-poule de taille moyenne, 2 cocottes de taille moyenne, mixeur

Pour la soupe violet foncé

Spray antiadhésif alimentaire
500 g de pommes de terre vitelotte épluchées et coupées en cubes de 1 cm de côté
4 cuil. à soupe d'huile d'olive
Gros sel
Poivre noir moulu
½ oignon rouge émincé
3 gousses d'ail hachées
50 cl de bouillon de légumes
Ciboulette fraîche finement ciselée pour la finition

Pour la soupe violet clair

1 tête de chou-fleur violet taillée en morceau d'environ 1 cm de côté
3 cl d'huile d'olive
Gros sel
Poivre noir moulu
2 échalotes émincées
3 gousses d'ail hachées
35 cl de bouillon de légumes
6 cl de lait de coco

POUR LA SOUPE VIOLET FONCÉ

1. Préchauffez le four à 190 °C (th. 6-7). Couvrez les deux plaques à pâtisserie de papier d'aluminium sur lequel vous pulvériserez du spray antiadhésif alimentaire.

2. Mettez les pommes de terre vitelotte dans un cul-de-poule. Ajoutez 1 cuil. à soupe d'huile d'olive et mélangez pour bien enrober les pommes de terre.

3. Disposez-les sur une plaque et assaisonnez-les généreusement de sel et de poivre. Enfournez pour 40 min à 1 h de cuisson. Sortez la plaque dès que les pommes de terre sont cuites à cœur.

POUR LA SOUPE VIOLET CLAIR

1. Quand les pommes de terre sont à la moitié de leur cuisson, mettez le chou-fleur dans le cul-de-poule de taille moyenne et mélangez-le avec 1 cuil. à soupe d'huile d'olive pour l'enrober. Déposez-le sur l'autre plaque à pâtisserie et assaisonnez-le généreusement de sel et de poivre. Enfournez la plaque pour 25 à 30 min, jusqu'à ce que le chou-fleur soit doré et cuit à cœur.

2. Faites chauffer 1 cuil. à soupe d'huile dans une cocotte sur feu moyen-vif. Ajoutez l'échalote et l'ail. Faites-les cuire jusqu'à ce qu'ils soient tendres, soit environ 5 min. Ajoutez le chou-fleur et remuez. Versez le bouillon de légumes et portez à ébullition. Réduisez le feu et laissez mijoter 20 min. Cela fait, sortez la cocotte du feu et transférez son contenu dans le bol du mixeur. Mélangez jusqu'à obtenir un résultat homogène. Remettez cette préparation dans la cocotte et ajoutez le lait de coco. Faites réchauffer.

POUR FINALISER LA SOUPE VIOLET FONCÉ

1. Faites chauffer 1 cuil. à soupe d'huile dans une cocotte sur feu moyen-vif. Ajoutez l'oignon rouge et l'ail et cuisez-les jusqu'à ce qu'ils soient tendres, soit environ 3 min. Ajoutez les pommes de terre et remuez.

2. Ajoutez le bouillon de légumes, portez à ébullition, puis réduisez le feu et laissez mijoter 20 min. Sortez la cocotte du feu et transférez son contenu dans le bol d'un mixer. Mélangez jusqu'à ce que le résultat soit homogène. Remettez dans la cocotte et réchauffez.

3. Servez en alternant les deux soupes dans les bols, pour créer un effet bicolore. Saupoudrez de ciboulette ciselée.

Région d'Alola

Félinferno

Tiboudet

Chelours

Sucreine

Denticrisse

Noadkoko d'Alola

Félinferno

Sandwichs aubergine-parmesan

Contrairement à Félinferno, vous n'aurez pas de flammes autour de la taille en mangeant ces sandwichs épicés, mais juste une certaine sensation de chaleur dans l'estomac.

Difficulté : ●●○○
Préparation : 45 min
Repos : 15 min
Cuisson : 40 min
Pour 3 sandwichs
Notes diététiques : végétarien

Ustensiles : casserole de taille moyenne, grande poêle à frire, grande plaque à pâtisserie, petit cul-de-poule, cul-de-poule de taille moyenne

Pour la sauce marinara épicée

3 cuil. à soupe d'huile d'olive
6 gousses d'ail hachées
½ oignon ciselé
2 cuil. à soupe de concentré de tomates
1 cuil. à soupe de gochujang
1 cuil. à café de paprika doux
2 cuil. à café de flocons de piments rouges écrasés
1 cuil. à soupe de sucre
1 boîte de 800 g de tomates entières
Gros sel
Poivre noir moulu

Pour l'aubergine frite

1 aubergine coupée en rondelles
80 g de farine
1 cuil. à café de gros sel, plus un peu pour saler l'aubergine
1 cuil. à café de poivre noir moulu
½ cuil. à soupe d'ail en poudre
1 pincée de poivre de Cayenne
2 œufs
1 cuil. à soupe de lait
70 g de chapelure panko
70 g de chapelure traditionnelle
1 cuil. à café d'origan séché
1 cuil. à café de basilic séché
Huile d'arachide pour friture

Pour le service

1 pain ciabatta
2 gousses d'ail noir entières
50 g de beurre doux à température de la pièce
3 rondelles d'aubergine frites
1 boule de mozzarella
Basilic frais

POUR PRÉPARER LA MARINARA ÉPICÉE

1. Faites chauffer l'huile d'olive à feu moyen-vif dans la casserole. Ajoutez l'ail et l'oignon et faites-les cuire environ 5 min, jusqu'à ce qu'ils soient tendres. Ajoutez le concentré de tomates et le gochujang. Laissez cuire encore 2 min.

2. Ajoutez le paprika, les flocons de piments rouges et le sucre. Mélangez. Écrasez les tomates à la main et ajoutez-les dans la casserole. Baissez le feu sur moyen-doux et laissez mijoter 30 min. Assaisonnez de sel et de poivre. Réservez.

POUR L'AUBERGINE

1. Placez les rondelles d'aubergine dans une passoire et saupoudrez-les généreusement de sel. Déposez une petite assiette au contact des légumes et posez un poids dessus. Laissez reposer 15 min. Cette étape sert à faire dégorger l'aubergine. Ne la négligez pas. Sans cela, le légume se ramollira à la cuisson.

2. Mélangez la farine, le sel, le poivre et le poivre de Cayenne dans une assiette. Fouettez l'œuf et le lait dans le cul-de-poule de taille moyenne. Mélangez la chapelure panko, la chapelure traditionnelle, l'origan et le basilic dans une autre assiette.

3. Séchez les rondelles d'aubergine entre deux feuilles de papier absorbant. Enrobez une rondelle de farine, puis plongez-la dans le mélange à l'œuf. Laissez retomber l'excédent de liquide dans le cul-de-poule avant de déposer l'aubergine dans le mélange de chapelures pour bien l'enrober.

4. Versez 1,5 cm d'huile d'arachide dans une poêle à frire et faites-la chauffer à environ 180 °C. Pour contrôler la température, jetez une pincée de chapelure panko dans l'huile et laissez-la rissoler. Faites frire les rondelles d'aubergine 3 min par face. Au sortir de la cuisson, déposez-les sur un papier absorbant.

POUR L'ASSEMBLAGE

1. Faites préchauffer le gril de votre four. Coupez le pain ciabatta en deux dans l'épaisseur et disposez-le sur une grande plaque à pâtisserie. Mélangez l'ail noir et le beurre dans un petit récipient. Garnissez l'intérieur de chaque demi-pain avec le beurre assaisonné. Faites dorer les pains 2 min sous le grill.

Note : vous aurez plus de beurre que nécessaire pour un service, mais vous pouvez le conserver dans un récipient hermétique pendant 1 semaine.

2. Confectionnez les sandwichs : étalez un peu de marinara épicée sur la moitié inférieure du pain. Déposez les rondelles d'aubergine frites, ajoutez de la marinara, de la mozzarella et du basilic. Fermez le sandwich et servez.

Tiboudet

Babkas

Préparer des babkas au chocolat est une activité salissante, donc assurez-vous de nettoyer quand vous aurez terminé. Vous aurez peut-être envie de vous comporter comme un Tiboudet et de plonger vos doigts dans le chocolat, mais cela ajouterait à la corvée de nettoyage.

Difficulté : ●●●○
Préparation : 1 h
Repos : 2 h
Cuisson : 20 min
Pour 6 brioches
Notes diététiques : végétarien

Ustensiles : robot pâtissier avec crochet de pétrissage, couteau, grand cul-de-poule, casserole de taille moyenne, rouleau à pâtisserie, grande plaque à pâtisserie, papier sulfurisé

Pour la pâte

18 cl de lait réchauffé à 38 °C
½ cuil. à soupe de levure du boulanger
545 g de farine
½ cuil. à café de noix muscade râpée
60 g de sucre
1 cuil. à café de gros sel
2 œufs
1 cuil. à café d'extrait de vanille
85 g de beurre à température ambiante

Pour la garniture

75 g de beurre doux
70 g de chocolat noir haché
3 cuil. à soupe de cacao en poudre
30 g de beurre d'amande
45 g de sucre glace
2 cuil. à café de gros sel

Pour le sirop

4 cl d'eau
60 g de sucre

POUR LA PÂTE

1. Mélangez le lait et la levure. Laissez reposer 5 min pour que la levure agisse. Mélangez la farine, la noix muscade, le sucre et le sel dans le bol du robot pâtissier. Ajoutez le lait à la levure, les œufs, l'extrait de vanille et mélangez jusqu'à ce que la pâte commence à se lier.
2. Quand c'est le cas, ajoutez le beurre à raison de 1 cuil. à soupe à la fois. Laissez votre robot pétrir la pâte 5 min. Si elle est trop collante, ajoutez de la farine à raison de 1 cuil. à soupe à la fois. Si elle est trop sèche, ajoutez du lait à raison de 1 cuil. à soupe à la fois. Transférez la pâte dans le cul-de-poule huilé, couvrez et laissez reposer 1 h ou jusqu'à ce que son volume ait doublé.

POUR LA GARNITURE

1. Faites fondre le beurre dans la casserole de taille moyenne à feu moyen. Ajoutez les autres ingrédients de la garniture et mélangez jusqu'à ce que le chocolat soit fondu. Sortez la casserole du feu et réservez.
2. Déposez la pâte sur un plan de travail légèrement fariné et aplatissez-la du poing. Pétrissez-la légèrement pendant 1 min et divisez-la en 6 portions égales. Couvrez-les avec un torchon propre.
3. Prenez l'une des portions et abaissez-la au rouleau jusqu'à obtenir un rectangle de 20 × 12 cm. Prenez une généreuse dose de garniture et étalez-la sur la pâte jusqu'à environ 5 mm du bord. Roulez la pâte sur elle-même dans la largeur et pincez le bord pour le sceller.
4. Coupez votre rouleau en deux dans la longueur, mais en conservant l'une des extrémités intacte. Tournez les deux moitiés vers le haut et croisez-les dessus dessous, comme une natte. Quand vous serez arrivé à l'autre extrémité, réunissez et pincez ensemble les deux parties. Ramenez les deux extrémités en un cercle serré et liez-les. Déposez la babka sur une plaque à pâtisserie recouverte d'une feuille de papier sulfurisé. Pensez qu'il faudra laisser environ 7 cm entre chaque brioche. Recommencez les étapes 3 et 4 pour les portions qui restent.
5. Une fois que toutes les portions sont prêtes, couvrez la plaque avec un torchon et laissez reposer 1 h.

POUR LE SIROP

1. Dans la casserole, mélangez l'eau et le sucre sur feu moyen-vif. Une fois que le sucre est dissous, réduisez le feu et laissez frémir 10 min. Sortez du feu et réservez.
2. Préchauffez le four à 180 °C (th. 6). Avec un pinceau, badigeonnez les babkas de sirop, puis mettez-les au four pour 20 min de cuisson ou jusqu'à ce qu'elles soient dorées.

Chelours

Cupcakes framboise-chocolat

Si prendre ses amis dans ses bras est un joli geste, évitez de le faire avec Chelours, car il est bien trop fort. À la place, il préfèrerait sans doute partager ces savoureux cupcakes avec vous.

Difficulté : ●●●○
Préparation : 1 h
Cuisson : 20 min
Pour 14 à 15 cupcakes
Notes diététiques : végétarien

Ustensiles : robot pâtissier équipé d'une feuille de pétrissage, fouet, petit cul-de-poule, cul-de-poule de taille moyenne, plaque à muffins

Pour les cupcakes au chocolat noir

6 cl d'eau chaude
2 cuil. à soupe de confiture de framboises
35 g de cacao en poudre
220 g de farine
1 cuil. à café de levure chimique
½ cuil. à café de gros sel
112 g de beurre à température ambiante
115 g de sucre
60 g de sucre roux
85 g de chocolat noir fondu et refroidi
2 œufs
1 cuil. à café d'extrait de vanille
130 g de crème aigre
6 cl de crème fraîche épaisse

Pour le glaçage des cupcakes

115 g de fromage frais (type Philadelphia) à température ambiante
55 g de beurre à température ambiante
1 cuil. à café d'extrait de vanille
3 gouttes de colorant alimentaire rose
100 g de confiture de framboises
375 g de sucre glace

POUR LES CUPCAKES

1. Préchauffez le four à 180 °C (th. 6). Mélangez l'eau chaude, la confiture de framboises et le cacao dans le petit cul-de-poule. Fouettez jusqu'à obtenir une préparation homogène. Mélangez la farine, la levure et le gros sel dans un autre récipient.

2. Mettez le beurre dans le bol du robot pâtissier et mixez jusqu'à ce qu'il ait blanchi. Incorporez les sucres et le chocolat fondu jusqu'à obtenir un résultat bien lisse. Ajoutez et battez les œufs un par un. Ajoutez l'extrait de vanille et le mélange au cacao et battez encore afin d'obtenir une préparation homogène.

3. Incorporez un tiers du mélange à la farine, puis la moitié de la crème aigre. Incorporez un deuxième tiers de mélange à la farine, puis le reste de la crème aigre et la crème fraîche. Terminez en incorporant le dernier tiers de farine.

4. Remplissez les alvéoles de la plaque à muffins aux deux tiers de la hauteur. Enfournez pour 15 à 20 min de cuisson (une lame de couteau plongée dans un gâteau doit ressortir sèche). Laissez les cupcakes refroidir avant de les décorer.

POUR LE GLAÇAGE

1. Mélangez le fromage frais et le beurre dans le robot pâtissier. Ajoutez l'extrait de vanille, le colorant rose et la confiture de framboises.

2. Une fois que le mélange est bien homogène, commencez à ajouter le sucre glace petit à petit. Continuez jusqu'à ce que le mélange soit assez ferme pour pouvoir être travaillé à la poche. Transférez dans une poche à pâtisserie avec la douille de votre choix et glacez chacun des cupcakes.

Sucreine
Salade de betteraves braisées

Si vous voulez devenir aussi fort que Sucreine, vous aurez besoin d'un régime sain privilégiant les légumes. Si vous possédiez la puissance de ce Pokémon, imaginez tous les sports et les activités dans lesquels vous pourriez exceller.

Difficulté : ●○○○
Préparation : 45 min
Cuisson : 1 h
Pour 4 à 6 parts
Notes diététiques : végétarien, sans gluten

Ustensiles : plaque à rôtir moyenne, papier d'aluminium, petit cul-de-poule, grand cul-de-poule, planche à découper, couteau

Pour la betterave braisée

3 betteraves rouges crues
1 cuil. à soupe d'huile d'olive
Gros sel
Poivre noir moulu

Pour la vinaigrette orange-échalote

1 petite échalote ciselée
2 gousses d'ail hachées
6 cl de jus d'orange
1 cuil. à soupe de zeste d'orange
1 cuil. à soupe de vinaigre de cidre
1 cuil. à soupe de miel
1 cuil. à soupe de moutarde de Dijon
8 cl d'huile d'olive
Gros sel
Poivre noir moulu

Pour la salade

115 g d'épinard
230 g de roquette
115 g de fromage de brebis émietté
½ oignon rouge ciselé
115 g de noix grossièrement hachées

POUR LA BETTERAVE

1. Préchauffez le four à 200 °C (th. 6-7). Enrobez les betteraves d'huile d'olive. Assaisonnez-les généreusement de sel et de poivre. Enveloppez chaque betterave d'une feuille de papier d'aluminium.

2. Placez les betteraves enveloppées sur la plaque à rôtir et enfournez-les pour 45 min à 1 h. Elles doivent être tendres.

3. Laissez les betteraves refroidir avant d'en ôter la peau. Taillez-les ensuite en tranches de 3 mm d'épaisseur. Elles peuvent être conservées jusqu'à 1 semaine dans un récipient hermétique au réfrigérateur.

POUR LA VINAIGRETTE

1. Mélangez l'échalote, l'ail, le jus et le zeste d'orange, le vinaigre de cidre, le miel et la moutarde dans le petit cul-de-poule. Laissez reposer 20 min. Fouettez en versant l'huile d'olive, puis assaisonnez de sel et de poivre à votre goût.

2. La vinaigrette peut être conservée jusqu'à 1 semaine dans un récipient hermétique rangé au réfrigérateur. Au bout d'un certain temps, l'huile et les éléments acides vont se séparer. Donc, veillez à bien secouer avant usage.

POUR L'ASSEMBLAGE

Mélangez soigneusement les épinards et la roquette dans un grand saladier. Répartissez en 6 parts égales dans des bols. Disposez des tranches de betterave, du fromage de brebis, des oignons rouges et des noix sur la salade. Servez accompagné de la vinaigrette à l'orange.

Denticrisse

Slush

Les écailles de Denticrisse ont de jolis motifs, mais il vaut mieux les admirer de loin, car ses dents pointues sont redoutables. Ce slush a lui aussi une magnifique apparence et si sa saveur a du mordant, il ne risque pas de vous blesser.

Difficulté : ●○○○
Préparation : 30 min
Repos : 8 h
Pour 3 verres
Notes diététiques : végétarien

Ustensiles : passoire à tamis fin, deux bacs pour 12 glaçons chacun, mixeur

Pour les glaçons bleus

7 fleurs de pois-papillons
1 cuil. à soupe de thé vert
24 cl d'eau chaude

Pour les glaçons roses

60 g de framboises congelées
24 cl d'eau chaude
1 goutte de colorant alimentaire rose (facultatif)

Pour le service

4 glaçons bleus
3 glaçons roses
24 cl de citronnade

Note : vous pouvez utiliser de la citronnade du commerce ou la citronnade de Pharamp (en page 33). Dans ce cas, ne mettez pas d'acide citrique pour que la citronnade soit moins âpre.

POUR LES GLAÇONS BLEUS

1. Posez les fleurs de pois-papillon et le thé vert dans une tasse. Versez l'eau chaude et laissez infuser 5 min.
2. Transférez le liquide dans un bac à glaçons en le passant dans un tamis fin et laissez refroidir. Placez ensuite le bac au congélateur au moins 8 h avant de vous en servir.

POUR LES GLAÇONS ROSES

1. Mettez les framboises dans une tasse. Versez l'eau chaude et laissez infuser 5 min. Ajoutez le colorant alimentaire.
2. Versez ce liquide dans un bac à glaçons en le passant dans un tamis fin et laissez-le refroidir. Placez ensuite le bac au congélateur au moins 8 h avant de vous en servir.

POUR SERVIR

1. Mettez les glaçons bleus dans le mixeur et faites-en de la glace pilée. Transférez-la dans un pichet.
2. Lavez le mixeur. Mettez les glaçons roses dans son bol et pilez-les à leur tour. Transférez-les dans le même pichet que la glace pilée bleue.
3. Versez de la citronnade dans le pichet et dégustez.

Noadkoko d'Alola

Grand slush tropical

Saviez-vous que c'est le soleil écrasant d'Alola qui a donné naissance à cette forme régionale de Pokémon et qui lui a conféré ses pouvoirs ? Je parie qu'il est possible de créer une boisson aussi puissante en combinant trois succulents fruits tropicaux.

Difficulté : ●○○○
Préparation : 15 min
Pour 1 verre de la taille d'Alola ou 2 verres de la taille de Kanto
Notes diététiques : végétarien

Ustensile : mixeur

255 g de mangue surgelée en morceaux
340 g d'ananas surgelé en morceaux
115 g de glaçons
35 cl d'eau de coco

Mettez tous les ingrédients dans le mixeur et mélangez jusqu'à obtenir un résultat homogène. Si vous préparez la version de la taille d'Alola, versez le mélange dans un grand verre. Si vous préparez la version de la taille de Kanto, partagez le mélange entre deux verres moyens.

Région de Galar

Blancoton

Salarsen

Scolocendre

Poulpaf

Morpeko

Charibari

Blancoton

Burgers épinards-champignons

Blancoton adore semer ses graines aux quatre vents pour aider d'autres Pokémon. Vous pourriez faire quelque chose de similaire en partageant ces délicieux hamburgers aux champignons avec des amis et votre famille. Cependant, ils sont tellement succulents que vous pourriez hésiter à les partager…

Difficulté : ●●○○
Préparation : 30 min
Repos : 2 h
Cuisson : 30 min
Pour 6 hamburgers
Notes diététiques : végétarien

Ustensiles : grand cul-de-poule, rouleau à pâtisserie, papier sulfurisé, grande cocotte avec panier vapeur, robot de cuisine avec crochet de pétrissage, grande plaque à pâtisserie

Pour les brioches à la vapeur
2 cuil. à café de levure du boulanger
18 cl d'eau tiède, plus un peu pour la cuisson à la vapeur

Note : il est essentiel que la température de l'eau ne dépasse pas 43 °C. Plus chaude, elle détruirait la levure et ne permettrait pas à la pâte de gonfler.

6 cl d'huile de colza
410 g de farine
40 g de fécule de maïs
1 cuil. à soupe de levure chimique
60 g de sucre
2 cuil. à café de gros sel
Des graines de sésame noir en décoration

Pour les champignons braisés
1 échalote ciselée
4 gousses d'ail hachée
6 cl de vinaigre balsamique
3 cuil. à soupe d'huile d'olive
6 champignons portobello bien larges, grattés et dont on a enlevé la base du pied

Pour le service
1 tranche de cheddar ou de fromage à cheeseburger (facultatif)
1 tête de champignon
1 brioche vapeur
Mayonnaise
½ avocat en tranches
Des épinards
De la roquette

POUR LES BRIOCHES À LA VAPEUR

1. Mélangez la levure du boulanger, l'eau et l'huile de colza. Laissez reposer 5 min afin que la levure s'active. Mélangez la farine, la fécule, la levure chimique, le sucre et le gros sel dans le bol du robot. À petite vitesse, versez doucement les éléments liquides. Laissez pétrir jusqu'à ce que l'ensemble soit homogène.

2. Pétrissez la pâte 5 min sur un plan de travail fariné, déposez-la dans un cul-de-poule huilé et couvrez 2 h. La pâte doit doubler de volume.

3. Sortez la pâte et aplatissez-la du poing. Divisez-la en 6 boules égales. Placez une feuille de papier sulfurisé dans le panier vapeur et déposez dessus les boules de pâte. Couvrez et laissez reposer 30 min. Mouillez très légèrement le dessus des boules et saupoudrez de quelques graines de sésame noir.

Note : appuyez très légèrement sur les graines afin qu'elles collent sans que la pression fasse redescendre les brioches.

4. Prévoyez une cocotte dans laquelle le panier pourra entrer. Dans cette cocotte, portez de l'eau à ébullition à feu vif. Quand l'eau bout, réduisez à feu moyen et placez le panier sur la cocotte. Laissez cuire à la vapeur entre 15 et 20 min.

5. Ce délai achevé, éteignez le feu et laissez le panier couvert en place encore 5 min avant d'utiliser les brioches. Cela leur évitera de rapetisser.

POUR LES CHAMPIGNONS

1. Mélangez l'échalote, l'ail, le vinaigre balsamique et l'huile d'olive. Couvrez une grande plaque à pâtisserie d'une feuille de papier d'aluminium. Disposez-y les champignons, tête vers le bas. Remplissez l'intérieur des chapeaux des champignons avec votre mélange assaisonné et laissez mariner au moins 30 min.

2. Préchauffez le four à 190 °C (th. 6-7). Enfournez les champignons pour 25 min de cuisson, jusqu'à ce qu'ils soient bien tendres et cuits.

POUR L'ASSEMBLAGE DES BURGERS

1. Si vous ajoutez une tranche de fromage, posez-la sur un champignon cuit et passez l'ensemble 2 min au gril afin que le fromage fonde.

2. Coupez une brioche en deux et étalez de la mayonnaise sur la partie inférieure. Disposez des tranches d'avocat, puis le champignon. Ajoutez, dans l'ordre, des épinards, de la roquette et l'autre moitié de brioche.

Salarsen

Smoothie jaune et bleu

Quand Salarsen génère une formidable décharge électrique, on entend comme un accord de basse dévastateur. Mieux vaut alors garder ses distances et déguster un smoothie plus en accord avec votre humeur.

Difficulté : ●○○○
Préparation : 20 min
Pour 2 smoothies
Notes diététiques : végétarien

Ustensile : mixeur

Pour la boisson violette

1 banane
Le jus de 1 citron vert
18 cl de lait de coco
160 g de morceaux d'ananas surgelés
70 g de myrtilles surgelées
70 g de groseilles surgelées

Pour la boisson jaune

½ banane
Le zeste et le jus de 1 citron jaune
Le zeste et le jus de 1 citron vert
2 cuil. à soupe de lait de coco
80 g de morceaux d'ananas surgelés
1 cuil. à café d'acide citrique

Pour la boisson bleue

½ banane
8 cl de lait de coco
80 g de morceaux d'ananas surgelés
¼ de cuil. à café de spiruline bleue

POUR LA BOISSON VIOLETTE

1. Mettez la banane, le jus de citron vert et le lait de coco dans le bol du mixer. Mélangez jusqu'à obtenir un résultat homogène.
2. Ajoutez l'ananas, les myrtilles et les groseilles. Mélangez à nouveau pour obtenir un jus lisse. Si le mélange est trop épais, ajoutez un peu de lait de coco.
3. Partagez cette préparation dans deux grands verres en laissant à peu près un quart du verre vide. Couvrez les verres et conservez-les au réfrigérateur le temps de préparer les autres boissons.

POUR LA BOISSON JAUNE

1. Rincez votre mixeur. Mettez la banane, le zeste et le jus de citron jaune, le zeste et le jus de citron vert et le lait de coco dans le mixeur. Mélangez jusqu'à obtenir un résultat homogène.
2. Ajoutez l'ananas et l'acide citrique. Mélangez à nouveau pour obtenir un jus lisse.
3. Sortez un des verres du réfrigérateur et versez cette couche électrisée sur la boisson violette.

POUR LA BOISSON BLEUE

1. Rincez votre mixeur. Mettez la banane et le lait de coco dans le mixeur. Mélangez jusqu'à obtenir un résultat homogène.
2. Ajoutez l'ananas et la spiruline bleue. Mélangez à nouveau jusqu'à obtenir un résultat lisse.
3. Sortez l'autre verre du réfrigérateur et recouvrez la couche violette avec cette boisson bleue. Dégustez les deux smoothies immédiatement.

Scolocendre

Curry tropical épicé

Les magnifiques couleurs et les motifs de ce plat évoquent Scolocendre. Toutefois, restez prudent ! Vous feriez attention si vous deviez manipuler un Scolocendre au corps incandescent, n'est-ce pas ? Eh bien, il en va de même quand on doit manipuler de l'huile chaude.

Difficulté : ●●○○
Préparation : 45 min
Cuisson 1 h
Pour 4 à 6 parts
Notes diététiques : vegan, sans gluten

Ustensiles : casserole de taille moyenne avec couvercle, grande plaque à rôtir, cocotte de taille moyenne, poêle antiadhésive de taille moyenne, grand cul-de-poule, petit cul-de-poule

Pour le riz au safran

1 pincée de pistils de safran
6 cl d'eau bouillante
2 cuil. à soupe d'huile de coco
½ oignon ciselé
2 gousses d'ail hachées
585 g de riz basmati
2 cuil. à café de gros sel
90 cl de bouillon de légumes

Pour le curry

4 pommes de terre de type Yukon Gold coupées en cubes de 5 cm de côté
2 carottes coupées en tronçons de 5 cm
4 petits champignons portobello coupés en quartiers
2 cuil. à soupe d'huile d'olive
Gros sel
Poivre
2 cuil. à café de garam masala
2 cuil. à café de cardamome
1 cuil. à café de curcuma en poudre
1 cuil. à café de paprika
1 cuil. à café de coriandre en poudre
1 cuil. à café de cumin en poudre
1,5 cuil. à café de piment du Cachemire en poudre
½ cuil. à café de cannelle en poudre
2 cuil. à soupe d'huile de coco
½ oignon rouge ciselé
1 cuil. à soupe de pâte d'ail
1 cuil. à soupe de pâte de gingembre
415 g de tomates concassées
415 g de sauce tomate
12 cl de bouillon de légumes
2 cuil. à soupe de sucre de coco
16 cl de crème de coco
3 bananes plantain très mûres
Huile d'arachide pour friture

POUR LE RIZ AU SAFRAN

1. Mettez les pistils de safran dans une tasse et versez dessus l'eau bouillante. Laissez infuser 5 min. Faites chauffer l'huile de coco dans une casserole sur feu moyen. Quand l'huile a fondu, ajoutez les morceaux d'oignon et faites-les revenir en remuant jusqu'à ce qu'ils deviennent translucides, soit environ 5 min. Ajoutez l'ail et faites-le cuire 2 min sans le brûler.

2. Ajoutez le riz et cuisez-le en le remuant environ 3 min. Ajoutez l'eau contenant le safran, le sel et le bouillon de légumes. Portez à ébullition, puis réduisez le feu. Couvrez alors la casserole et laissez cuire environ 20 min.

POUR LE CURRY

1. Préchauffez le four à 220 °C (th. 7-8). Faites bouillir de l'eau dans une cocotte de taille moyenne, ajoutez-y les pommes de terre et les carottes. Faites-les cuire 8 min, jusqu'à ce qu'elles soient bien tendres. Transférez les légumes dans un grand cul-de-poule avec les champignons et l'huile d'olive. Remuez, puis déposez le tout sur une grande plaque à rôtir et saupoudrez de sel et de poivre. Enfournez pour 35 min en remuant les légumes à mi-cuisson.

2. Pendant que les légumes cuisent, mélangez le garam masala, la cardamome, le curcuma, le paprika, la coriandre, le cumin, la poudre de piment et de cannelle dans un petit récipient. Faites chauffer l'huile de coco dans une cocotte de taille moyenne sur feu moyen-vif. Ajoutez les morceaux d'oignon et cuisez-les environ 5 min, jusqu'à ce qu'ils deviennent translucides. Ajoutez les pâtes d'ail et de gingembre, puis laissez cuire environ 2 min. Ajoutez le mélange d'épices et remuez bien afin de les incorporer.

3. Ajoutez les tomates concassées, la sauce tomate et le bouillon de légumes. Mélangez bien et laissez mijoter 15 min.

4. Ajoutez le sucre et la crème de coco. Goûtez et assaisonnez de sel et de poivre si nécessaire. Ajoutez les légumes braisés et remuez la sauce avec précaution.

5. Préparez les bananes plantains : épluchez-les et coupez-les en morceaux d'environ 1,5 cm. Salez-les légèrement. Dans la poêle de taille moyenne, versez 1,5 cm d'huile d'arachide et faites-la chauffer sur un feu moyen. Quand c'est fait, déposez avec précaution les bananes plantain et faites dorer chaque face en les cuisant 2 à 3 min par côté.

6. Déposez-les ensuite sur du papier absorbant, mais ne les laissez pas en contact avec le papier trop longtemps. Servez-les chaudes.

7. Pour dresser, déposez une portion de riz dans l'assiette et recouvrez-la de curry. Terminez en déposant les bananes plantain sur le curry.

Poulpaf

Punch à la vanille

Mélange étrange d'une pieuvre et d'un boxeur, Poulpaf sait distribuer les punchs, mais ne vous avisez pas de l'imiter, car vous pourriez blesser quelqu'un ou casser quelque chose. Dégustez plutôt ce délicieux punch bien inoffensif.

Difficulté : ●○○○
Préparation : 15 min
Pour 1 verre
Notes diététiques : végétarien

Ustensile : boule à glace

1 boule de sorbet à l'orange
2 boules de glace à la vanille
8 myrtilles fraîches
12 cl de soda à l'orange
8 cl de ginger ale

Déposez 1 boule de sorbet à l'orange dans un grand verre. Ajoutez 2 boules de glace à la vanille, puis les myrtilles. Versez ensuite le soda à l'orange et le ginger ale. Servez avec une cuillère pour mélanger et une paille.

Morpeko

Crêpes

Ces délicieuses crêpes au citron et aux fruits rouges ont les couleurs chatoyantes de Morpeko. Saviez-vous que ce Pokémon peut s'attirer des problèmes quand il a faim ? Assurez-vous d'être rassasié pour vous éviter tout ennui.

Difficulté : ●●●○
Préparation : 45 min
Repos : 1 h
Cuisson : 30 min
Pour 6 à 10 parts
Notes diététiques : végétarien

Ustensiles : casserole de taille moyenne, fouet, mixeur, passoire à tamis fin, poêle de taille moyenne

Pour le curd de fruits rouges
85 g de myrtilles fraîches
115 g de mûres fraîches
3 jaunes d'œufs
110 g de sucre
Le jus de ½ citron
1 pincée de gros sel
55 g de beurre doux

Pour le curd au citron
3 jaunes d'œufs
110 g de sucre
1 cuil. à soupe de zeste de citron
8 cl de jus de citron
1 pincée de gros sel
55 g de beurre doux

Pour les crêpes dorées
75 g de farine
1 pincée de cannelle en poudre
15 cl de lait
1 œuf
30 g de beurre fondu et refroidi
½ cuil. à soupe de miel
1 cuil. à café d'extrait de vanille
Spray antiadhésif alimentaire
De la crème fouettée en garniture

Pour les crêpes au chocolat noir
155 g de farine
2 cuil. à soupe de cacao en poudre
30 cl de lait
2 œufs
60 g de beurre fondu et refroidi
1 cuil. à soupe de miel
2 cuil. à café d'extrait de vanille

POUR LE CURD DE FRUITS ROUGES

1. Mettez les fruits rouges dans le mixeur et mixez jusqu'à obtenir un résultat homogène. Transférez le mélange dans un récipient en le passant par un tamis fin. Vous devriez obtenir entre 8 et 12 cl de jus.
2. Dans une casserole de taille moyenne, fouettez les jaunes d'œufs, le sucre, le jus des fruits rouges jusqu'à ce que le sucre soit dissous. Ajoutez le jus de citron et le sel. Posez la casserole sur feu doux et fouettez la préparation jusqu'à ce qu'elle épaississe, soit environ 10 min.
3. Ajoutez le beurre et fouettez jusqu'à ce qu'il ait complètement fondu. Passez au tamis dans un récipient hermétique et laissez refroidir. Mettez ensuite au réfrigérateur au moins 1 h avant de servir. Ce curd peut être conservé au réfrigérateur jusqu'à 1 semaine.

POUR LE CURD AU CITRON

1. Dans une casserole de taille moyenne, fouettez les jaunes d'œufs, le sucre et le zeste de citron jusqu'à ce que le sucre soit dissous. Ajoutez le jus de citron et le sel. Posez la casserole sur feu doux et fouettez la préparation jusqu'à ce qu'elle épaississe, soit environ 10 min.
2. Ajoutez le beurre et fouettez jusqu'à ce qu'il ait complètement fondu. Passez au tamis dans un récipient hermétique et laissez refroidir. Mettez ensuite au réfrigérateur au moins 1 h avant de servir. Ce curd peut être conservé au réfrigérateur jusqu'à 1 semaine.

POUR LES CRÊPES

1. Mettez tous les ingrédients pour les crêpes dorées dans le bol du mixeur (sauf le spray alimentaire antiadhésif et la crème fouettée) et mélangez jusqu'à obtenir un résultat homogène. Transférez ce mélange dans un récipient hermétique et laissez reposer au réfrigérateur au moins 1 h.
2. Pour préparer les crêpes au chocolat noir, répétez l'étape 1 avec les ingrédients concernés.
3. Sortez la pâte à crêpes dorées du réfrigérateur et fouettez-la. Faites chauffer une poêle de taille moyenne sur un feu moyen et pulvérisez du spray antiadhésif alimentaire sur la poêle. Versez une louche de pâte (entre 6 et 12 cl) dans la poêle chaude. Veillez à bien étaler la pâte afin que la crêpe soit bien fine.
4. Laissez la crêpe cuire sur une face entre 3 et 5 min. Quand elle est bien dorée, retournez-la avec précaution et laissez dorer l'autre face. Répétez les étapes de la cuisson avec la totalité des deux pâtes. Servez les crêpes avec les curds et la crème fouettée.

Charibari

Float au thé thaï glacé

Charibari est super-fort. Il peut même soulever plus de cinq tonnes ! Par chance, ce délicieux float ne pèse pas autant. Vous n'aurez donc pas besoin de Charibari pour le soulever et le déguster.

Difficulté : ●●○○
Préparation : 30 min
Repos : 12 h
Cuisson : 30 min
Pour 6 à 8 verres
Notes diététiques : végétarien

Ustensiles : grande cocotte, grand pichet, grand cul-de-poule, cul-de-poule de taille moyenne, fouet, robot de cuisine avec fouet

Pour le thé noir thaï

1 l d'eau
2 cuil. à soupe de sucre de coco
5 graines de cardamome verte écrasées
3 anis étoilés
3 clous de girofle
1 bâton de cannelle
4 sachets de thé de Ceylan
1 cuil. à soupe d'extrait de vanille

Pour la crème glacée vanille-cardamome

400 g de lait concentré sucré
Les graines de 1 gousse de vanille
½ cuil. à café de cardamome en poudre
2 cuil. à café d'extrait de vanille
1 pincée de gros sel
480 g de crème fraîche

Pour le boba

120 cl d'eau
90 g de perles de tapioca noires instantanées
2 cuil. à soupe de sucre de coco
2 cuil. à soupe de sucre roux

Pour chaque verre

Du boba
3 boules de glace vanille-cardamome
24 cl de thé noir thaï
6 cl de lait de coco
Colorant alimentaire orange (facultatif)

POUR LE THÉ NOIR

1. Mélangez l'eau, le sucre, les graines de cardamome verte, les anis étoilés, les clous de girofle et le bâton de cannelle dans une grande cocotte. Portez à ébullition sur feu moyen-vif, puis baissez le feu et laisser frémir 15 min.

2. Sortez la cocotte du feu, ajoutez les sachets de thé, couvrez et laissez infuser 10 à 15 min. Versez dans un grand pichet en passant au tamis fin et ajoutez l'extrait de vanille. Laissez complètement refroidir et placez au réfrigérateur. Ce thé peut être conservé jusqu'à 2 semaines au réfrigérateur.

POUR LA GLACE

1. Mélangez le lait concentré sucré, les graines de vanille, la cardamome, l'extrait de vanille et le sel dans un grand cul-de-poule. Mélangez pour que tout soit bien incorporé.

2. Mettez la crème fraîche dans le bol d'un robot pâtissier. Fouettez à mi-vitesse jusqu'à ce que la crème fasse des pics fermes, soit pendant environ 2 min. Transférez dans le cul-de-poule où se trouvent les autres ingrédients. Mélangez le tout d'un mouvement vers le haut jusqu'à ce que les ingrédients soient bien combinés.

3. Transférez dans un récipient et égalisez bien la surface. Couvrez et placez au congélateur 5 h avant de le servir. Vous disposerez ainsi d'assez de crème glacée pour 6 à 8 floats.

POUR LE BOBA

1. Portez à ébullition une grande cocotte d'eau à feu moyen-vif. Ajoutez les perles de tapioca. Mélangez et laissez cuire 2 à 3 min, jusqu'à ce que les perles flottent.

2. Couvrez et réduisez le feu. Laissez cuire 2 à 3 minutes supplémentaires.

3. Éteignez le feu, laissez le couvercle et accordez encore 2 à 4 min de cuisson, jusqu'à ce que le tapioca soit bien tendre.

4. Versez les perles de tapioca dans une passoire, puis rincez-les à l'eau froide

5. Mélangez les sucres avec 12 cl d'eau chaude dans un cul-de-poule de taille moyenne. Fouettez jusqu'à ce que le sucre soit dissous. Ajoutez les perles de tapioca et laissez reposer 10 min.

6. Le boba peut être conservé au réfrigérateur jusqu'à 6 h.

POUR SERVIR

Mettez du boba au fond d'un verre. Ajoutez les 3 boules de glace. Dans un autre verre, mélangez le thé, le lait de coco et le colorant alimentaire jusqu'à obtenir un résultat homogène. Versez le contenu de ce verre dans celui contenant de la glace et dégustez.

Index des régimes

Au sujet de l'auteure...

Victoria Rosenthal a lancé son blog, Pixelated Provisions, en 2012 dans le but de faire fusionner ses grandes passions des jeux vidéo et de la gastronomie en recréant des aliments croisés dans ses jeux favoris. Quand elle ne se livre pas à des expériences culinaires et ne rêve pas à de nouvelles recettes, Victoria passe du temps avec son époux, fait des excursions avec son corgi, joue à des jeux vidéo ou découvre les derniers restaurants. On lui doit également des livres de recettes inspirées par les univers des jeux *Fallout*, *Destiny*, *Street Fighter* et *Final Fantasy XIV*. N'hésitez pas à aller la saluer sur Twitter, Twitch ou Instagram à PixelatedVicka.

Pour la version originale

Livre publié pour la première fois aux États-Unis, en 2022, sous le titre *My Pokémon Cookbook*, par Insight Editions, PO Box 3088, San Rafael, California.

www.insighteditions.com

Pour la version française

58, rue Jean Bleuzen – 92178 Vanves Cedex

Direction : Catherine Saunier-Talec

Directeur de projet : Antoine Béon

Responsable de projet : Anne Vallet

Traduction : Xavier Hanart

Mise en page : IDT

Dépôt légal : octobre 2022

43-3267-8/01

ISBN : 978-2-0171-7852-1

Imprimé en Chine.